La Guía Independiente de Walt Disney World y Universal Orlando 2020

G. COSTA

Límite de responsabilidad y renuncia de garantía:
El editor ha hecho todo lo posible para elaborar este libro, y la información que aquí se proporciona se ofrece "tal cual se presenta". Independent Guides y el autor no hacen ninguna representación o garantía con respecto a la exactitud o integridad de los contenidos de este libro y específicamente rechazan cualquier garantía implícita de comerciabilidad o idoneidad para cualquier propósito en particular y en ningún caso serán responsables de cualquier pérdida de beneficios o cualquier otro daño comercial, incluyendo pero no limitándose a daños especiales, incidentales, consecuentes o de otro tipo. Por favor, lea todos los avisos antes de entrar en las atracciones, así como los términos y condiciones de los servicios de cualquier empresa que utilice. Los precios de los alimentos son aproximados, y fluctúan.

AVISO DE DERECHOS DE AUTOR:
Contenido de derechos de autor © 2012-2020 Independent Guidebooks. Todos los derechos reservados. Ninguna parte de este documento o de los archivos relacionados puede ser reproducida o transmitida en ninguna forma, por ningún medio (electrónico, fotocopia, grabación u otro) sin el permiso previo por escrito del editor, a menos que sea para uso personal. Algunas imágenes y textos poseen derechos de autor de © Universal o The Walt Disney Company y afiliados y subsidiarias. Esta guía no es un producto de Universal ni The Walt Disney Company, ni está respaldada por dichas compañías, ni por ninguna otra que aparezca en ella.

INFORMACIÓN ACTUALIZADA SOBRE COVID-19

En el momento de escribir este libro, el mundo está atravesando una pandemia. Después de más de 3 meses de cierre, Universal Orlando reabrió sus puertas en junio y Walt Disney World hizo lo mismo en julio. Se han realizado varias modificaciones en los parques para garantizar la seguridad de los visitantes. Este libro fue escrito para ser relevante tanto antes, durante y después del Covid-19.

Como no sabemos cuánto tiempo durará esto, no hemos cambiado cada sección individual ya que queremos que sean útiles para sus futuras visitas también. En su lugar, debe tener en cuenta que los siguientes cambios pueden aplicarse durante su visita. Estos cambios han sido actualizados a partir de agosto de 2020, pero pueden cambiar en los próximos meses.

Tendrá que pasar por un control de temperatura para acceder a ambos centros turísticos – si presenta una temperatura de 100,4 grados (38° C) o más no podrá ingresar en los hoteles, parques temáticos o cualquier otra área de los centros turísticos.

El uso de una mascarilla es obligatorio para todos los visitantes (excepto mientras come o bebe) – en Universal Orlando comienza a los 3 años en adelante, y en Walt Disney World comienza a los 2 años en adelante. Todo el personal también usará mascarillas. Las señalizaciones de distanciamiento social se encuentran presentes en las atracciones. Estos deben ser respetados.

En Walt Disney World, las filas de Fastpass+ y Single Rider no se encuentran en funcionamiento en los parques – sólo la fila normal se encuentra disponible. En Universal Orlando, las filas Single Rider no se encuentran disponibles, pero el Express Pass y las filas regulares si lo están.

En las atracciones, los visitantes estarán separados por asientos y/o filas vacías.

Los personajes ya no saludan a los visitantes de cerca, sino que los visitantes pueden tomar fotos a distancia con los personajes. Los personajes no aparecerán en las comidas.

Todos los desfiles y espectáculos nocturnos han sido suspendidos. Otras atracciones y experiencias también pueden ser suspendidas.

Debido a la capacidad limitada de los parques, **en Walt Disney World los visitantes deben efectuar una reserva para entrar al parque** además de comprar tickets o pases anuales. Los huéspedes pueden elegir un parque para visitar – el pase entre parques no está permitido actualmente. Estas reservas pueden hacerse en línea. En Universal Orlando, no se requieren reservas y se permite el pase entre parques.

No todos los hoteles se encuentran abiertos. Las comidas de buffet han sido suspendidas. Las ofertas de comida pueden cambiar. **Los Planes de Comida Disney no se encuentran disponibles** en Walt Disney World y las reservas en los restaurantes pueden hacerse desde 60 días previos a la visita en lugar de 180 días.

Los mapas del parque, los menús de los restaurantes en papel y los horarios no se distribuyen - deberá utilizar las aplicaciones oficiales del parque para obtener esta información.

Por favor, compruebe con el parque antes de visitarlo para ver cuáles de estos cambios se aplican durante su visita – también es probable que haya más cambios desde el momento de la publicación. Tenga en cuenta estos cambios cuando lea esta guía – tal como se mencionó antes, no hemos cambiado cada sección individual ya que queremos que este libro sea útil para sus futuras visitas también.

Índice

Universal Orlando
Resumen de Universal Orlando y Cómo llegar ... 4
Boletos ... 5
Hoteles ... 6
Universal Studios Florida ... 10
Universal's Islands of Adventure ... 20
Volcano Bay ... 28
Universal CityWalk ... 30
Servicios del parque ... 32
Eventos de temporada ... 37
Comida ... 38
Planes de recorrido ... 40

Walt Disney World
Resumen de Walt Disney World y Cómo llegar ... 42
Tickets ... 43
Magic Kingdom Park ... 52
Epcot ... 66
Disney's Hollywood Studios ... 75
Disney's Animal Kingdom Park ... 81
MyMagic+ ... 88
Fastpass+ ... 89
Estrategias de Recorrido ... 92
Parque Acuático Blizzard Beach ... 94
Parque Acuático Typhoon Lagoon ... 95
Disney Springs ... 96
Actividades fuera de los parques ... 99
Conocer a los personajes ... 101
Disney con un presupuesto ... 103
Comida ... 104
Servicios del Parque ... 106
Eventos de Temporada 2020 ... 111
Un agradecimiento especial

Resumen de Universal Orlando

En 1971, Orlando se convirtió en la capital mundial de los parques temáticos con la inauguración de Walt Disney World. Era una versión gigantesca del Disneyland Resort que había sido inaugurado en 1955 en Anaheim, California.

A fines de los años 80, Universal anunció que también se uniría a la aventura abriendo su propio parque temático en la costa este, similar al que tenía en Hollywood.

Disney vio este nuevo parque temático como un competidor importante y decidió que también construiría un parque temático basado en estudios de cine. Increíblemente, Disney abrió su parque de estudios antes de la gran inauguración de Universal Studios Florida un año más tarde.

El parque de Disney fue un proyecto apresurado, y *Universal Studios Florida* arrasó con la competencia cuando abrió en 1990.

En 1995, Universal Orlando se expandió con un segundo parque temático, *Islands of Adventure de Universal*. También se añadieron tres hoteles y un distrito de entretenimiento y restaurantes, *CityWalk*.

El parque original de Universal Studios Florida también fue ampliado con nuevas áreas para crear un destino de varios días que compite con Disney.

En 1999, *Islands of Adventure* de Universal se inauguraron con críticas muy favorables. Presentaba atracciones innovadoras como las montañas rusas de *The Amazing Adventures of Spider-Man* y *The Incredible Hulk Coaster*.

El Universal Orlando Resort ha seguido innovando con atracciones y áreas como *The Simpsons Ride* y *The Wizarding World of Harry Potter*. Las cifras de visitantes se han disparado y colectivamente, ambos parques temáticos ahora reciben 16 millones de visitantes cada año.

El 2020 representa un año emocionante para el complejo turístico, ya que comienza a trabajar en la construcción de su tercer parque temático.

Llegar a Universal Orlando desde el aeropuerto de Orlando

En automóvil - Dirección: 6000 Universal Blvd, Orlando, FL. Universal Orlando es accesible en automóvil desde la Interestatal 4 (I-4), donde debe seguir por *Universal Blvd.* hacia el norte hasta el área de estacionamiento. Los estacionamientos abren 90 minutos antes que los parques. El estacionamiento propio es de $25 por día, y el estacionamiento principal es de $40. Una zona de estacionamiento sirve tanto a los parques temáticos como para el parque acuático. Después de estacionar, atraviese la seguridad y camine hacia los parques por *CityWalk*. Para *Volcano Bay*, suba a un transporte desde el nivel 1 del estacionamiento. El estacionamiento está a 10 minutos a pie de los parques temáticos.

Traslados y Taxis - *Mears* y *Super Shuttle* son transportes confiables, aunque existen otros disponibles. Los precios desde el aeropuerto son de $30 a $35 por persona ida y vuelta, o unos $20 ida. Un taxi con *Mears* cuesta entre $55 y $70 con una propina en cada sentido. El UberX cuesta entre $28 y $34.

Transporte público - En el aeropuerto, suba al autobús *Lynx* número 42 o 111. Pida un boleto de traslado - viaje a la parada de *'Florida Mall'* (25 minutos). En el *Florida Mall*, tome la ruta 37 del autobús y viaje 45 minutos hasta la parada llamada *'Universal Boulevard y Hollywood Way'* en el estacionamiento del complejo turístico. El viaje total es de aproximadamente 1h15 -1h30m (con salidas cada 25 minutos). Recomendamos utilizar Google Maps para guiarse.

Boletos
Todo acerca de los boletos

Tipos de boletos:
• Un boleto para un solo parque da acceso a un parque por día (tanto *Universal Studios Florida*, *Islands of Adventure* como *Volcano Bay*)
• Los boletos de parque a parque le permiten entrar a varios parques en el mismo día.

Los boletos de un día varían de precio dependiendo de la fecha de la visita. Los boletos de varios días no cambian de precio - ver universalticketcalendar.com. Los boletos para un solo parque le permiten montar todas las atracciones de un parque (excepto el *Hogwarts Express* que necesita un boleto de Parque a Parque).

Los precios para niños se aplican a los niños de 3 a 9 años. Los niños menores de 3 años tienen entrada gratuita. Los precios no incluyen el impuesto.

Obtener sus boletos:
Las entradas anticipadas pueden recogerse en los puestos de 'Will Call', imprimirse en casa o enviarse por correo con un costo adicional.

Precio de los boletos
Todos los boletos para varios días son $20 más baratos si se compran por adelantado en línea en universalorlando.com que en los parques temáticos. También puede comprar entradas en los hoteles locales, por teléfono, y la aplicación Universal Orlando y ahorrar $20 en comparación con los precios de los parques.

---

1 Día:
Parque Único (USF o IOA): Adulto - $115 a $135 y Niño - $110 a $130
Parque a Parque (USF y IOA): Adulto - $170 a $190 y Niño - $165 a $185

---

2 Días:
Uno Parque Por Día (USF o IOA):
Adulto - $224.99
Niño - $214.99

Parque a Parque (USF y IOA):
Adulto - $284.99
Niño - $274.99

Parque a Parque (USF y IOA y VB):
Adulto - $339.99
Niño - $329.99

USF - Universal Studios Florida, **IOA** - Islands of Adventure, **VB** - Volcano Bay

3 Días:
Uno Parque Por Día (USF o IOA):
Adulto - $244.99
Niño - $234.99

Uno Parque Por Día (USF o IOA o VB):
Adulto - $299.99
Niño - $289.99

Parque a Parque (USF y IOA):
Adulto - $304.99
Niño - $294.99

Parque a Parque (USF y IOA y VB):
Adulto - $359.99
Niño - $349.99

---

4 Días:
Uno Parque Por Día (USF o IOA):
Adulto - $254.99
Niño - $244.99

Uno Parque Por Día (USF o IOA o VB):
Adulto - $319.99
Niño - $309.99

Parque a Parque (USF y IOA):
Adulto - $319.99
Niño - $309.99

Parque a Parque (USF y IOA y VB):
Adulto - $384.99
Niño - $374.99

5 Días:
Uno Parque Por Día (USF o IOA):
Adulto - $264.99
Niño - $254.99

Uno Parque Por Día (USF o IOA o VB):
Adulto - $339.99
Niño - $329.99

Parque a Parque (USF y IOA):
Adulto - $334.99
Niño - $324.99

Parque a Parque (USF y IOA y VB):
Adulto - $409.99
Niño - $399.99

Hoteles

Decidir dónde alojarse durante las vacaciones puede ser difícil: hay que tener en cuenta el precio, la disponibilidad, el tamaño, la ubicación y las comodidades para encontrar el alojamiento perfecto. El centro de Florida es conocido por tener una increíble variedad de opciones para todos los gustos y presupuestos.

Existen numerosos hoteles que no se encuentran en las instalaciones de Universal Orlando que son más baratos que las opciones en el lugar. Sin embargo, para una experiencia completa en Universal Orlando, recomendamos alojarse en uno de los hoteles del lugar. Se encontrará a pocos minutos de la acción, y los beneficios de permanecer en el lugar valen la pena el costo, en nuestra opinión.

Existen cuatro niveles de hoteles en el lugar:
• Value – Endless Summer Resort
• Prime Value – Cabana Bay Beach Resort, y Aventura Hotel
• Preferred – Sapphire Falls Resort
• Premier – Portofino Bay Hotel, Hard Rock Hotel, y Royal Pacific Resort

Beneficios disponibles para los huéspedes del hotel:
• Entrada temprana al *The Wizarding World of Harry Potter* una hora antes de que abra el parque para los visitantes regulares y entrada temprana para *Volcano Bay*.
• Taxis acuáticos gratuitos, autobuses de traslado y senderos para caminar a ambos parques temáticos y *Universal CityWalk*.
• Entrega gratuita de la mercadería comprada en todo el complejo de su hotel.
• Privilegios de cargos en todo el complejo. Pase su tarjeta de crédito al registrarse y use la llave de su habitación para cargar las compras a su habitación. En el momento de la salida, usted paga el saldo como un solo monto.
• Transporte programado gratuito *Super Star Shuttle* a *SeaWorld* y *Aquatica*. Esto funciona una vez al día desde su hotel, y una o dos veces al día de vuelta a su hotel. Los asientos se reservan en el mostrador del conserje.
• Una llamada para despertar de un personaje de Universal.
• El uso del programa *Golf Universal Orlando*.

Los huéspedes del *Royal Pacific Resort, el Portofino Bay Hotel* y el *Hard Rock Hotel* también disfrutan de estos beneficios adicionales:
• *Universal Express Pass* GRATUITO - Acceso ilimitado para evitar las filas regulares en ambos parques temáticos durante todo el día.
• Prioridad de asientos en restaurantes selectos en ambos parques temáticos y *CityWalk*.

Todos los precios de las habitaciones en esta sección son tarifas por noche e incluyen el impuesto - se basan en una estancia de 3 noches para 2 adultos; los precios de la comida que figuran en esta guía no incluyen impuesto.

Salas de Gimnasio y Piscinas

Salas de gimnasio: Todos los hoteles cuentan con salas de gimnasio gratuitas para sus huéspedes.

Aunque no es muy promocionado, los huéspedes que se alojan en la mayoría de los hoteles* pueden usar cualquiera de las salas de gimnasio.

Esto significa que un huésped del *Cabana Bay Beach Resort* podría, por ejemplo, visitar el gimnasio del *Hard Rock Hotel* con la llave de su habitación.

* Los huéspedes de *Endless Summer Resort* no pueden usar los gimnasios de otros hoteles.

Piscinas: Todos los hoteles del establecimiento cuentan con impresionantes piscinas. Si se está alojando en la mayoría de los hoteles de la zona *, puede usar la piscina de cualquier complejo turístico (y pagar la cuenta en otro hotel con la llave del hotel). ¡Un beneficio fantástico!

¿Quién no querría probar las divertidas piscinas de Cabana Bay, la magnífica del Hard Rock, y luego terminar el día con un chapuzón en la piscina de Sapphire Falls?

* Los huéspedes que se alojan en el *Endless Summer Resort* no pueden usar todas las piscinas.

Comodidades del hotel

Estacionamiento:
El estacionamiento es de $27 por noche en el *Hard Rock Hotel, Portofino Bay* y *Royal Pacific Resort*. Cuesta $25 en *Sapphire Falls*, $17 en *Cabana Bay* y *Aventura Hotel*, y $14 en el *Endless Summer Resort*. Los huéspedes del hotel no tienen descuento.

Acceso a Internet:
El acceso estándar Wi-Fi en la habitación es gratuito. Para un acceso de mayor velocidad, existe una opción premium de pago.

El lobby y la piscina de todos los hoteles cuentan con Wi-Fi gratuito, al que se puede acceder independientemente de si se está alojando en el hotel o no.

Habitaciones para mascotas:
Hay habitaciones para mascotas en todos los hoteles *Premier* y *Preferred*. Se aplica una tasa de limpieza de 50 dólares por noche, hasta 150 dólares por habitación.

Refrigeradores:
Todas las habitaciones de los hoteles incluyen un mini-refrigerador de cortesía.

Cena con Personajes:
El *Royal Pacific Resort*, el *Portofino Bay Hotel* y el *Hard Rock Hotel* ofrecen comidas con personajes que visitan su mesa para que usted se reúna, charle y tome fotos mientras come.

Los personajes varían desde *Scooby-Doo* a *Shrek* e incluso a *Los Minions*. La cena con personajes tiene lugar una o dos veces por semana entre las 6:30 y las 9:30 de la tarde. Puede visitar cualquier restaurante, incluso si no es un huésped del hotel.

Campamentos para niños:
Hay campamentos para niños en el *Royal Pacific Resort*, el *Portofino Bay Hotel* y el *Hard Rock Hotel* por las tardes. Esto mantiene a los niños ocupados con actividades mientras los padres pasan tiempo de calidad juntos.

Los huéspedes de cualquier hotel pueden usar los campamentos para niños en otros hoteles. Los precios son de unos $15 por niño y hora.

Endless Summer Resort

Con más de 2000 habitaciones, este hotel Value tiene un buen precio para los huéspedes que cuidan su presupuesto.

Endless Summer Resort está compuesto por dos hoteles - *Surfside Inn & Suites* y *Dockside Inn & Suites*. Los dos hoteles no están conectados, pero los huéspedes pueden usar las instalaciones de ambos hoteles.

Este complejo no está conectado a la zona principal de Universal con los dos parques temáticos, y *CityWalk*. Viajar entre aquí y la zona principal de Universal Orlando significa caminar aproximadamente 1.5km o usar el autobús gratuito de traslado.

Las habitaciones estándar son comparables con las del *Aventura Hotel*, pero las suites de este hotel son más pequeñas que las del resto de los hoteles.

Este complejo no cuenta con un restaurante con servicio de mesa.

Transporte: Buses de traslado (5-10 minutos de viaje).

Tamaño de la habitación y precios: Las habitaciones estándar son de 29 m² ($117-$240), y las habitaciones de dos dormitorios son de 41 m² ($172-$314).
Actividades: Sala de juegos, gimnasio, piscina, tienda, bar en la piscina.
Comidas: Cada hotel posee un bar, patio de comidas, Starbucks y entrega de pizzas.

Aventura Hotel

Este hotel Prime Value de 600 habitaciones se encuentra a un paso de los parques.

Este hotel es el lugar más avanzado tecnológicamente para alojarse en Universal.

El salón de comidas ofrece muchas cocinas diferentes, pero no cuenta con un restaurante de servicio de mesa. Posee tres bares, incluyendo uno en la azotea que ofrece vistas increíbles, así como un Starbucks.

Este hotel se encuentra al lado del parque acuático *Volcano Bay*, así que simplemente puede ir caminando al parque acuático en minutos.

Transporte: Senderos para caminar (20 a 25 minutos) y autobuses de traslado.
Tamaño de la habitación y precios: Las habitaciones estándar son de 29 m² ($161-$302) y las habitaciones para niños son de 55 m² ($288-$556).

Actividades: Sala de juegos, gimnasio, piscina y zona de chapoteo, una tienda.
Comidas: Bar en la piscina, en el lobby, en la azotea y patio de comidas.

Cabana Bay Beach Resort

Este hotel Prime Value de 2200 habitaciones, de estilo retro de los años 50' y 60', es un punto medio por la ubicación y las comodidades en comparación con el precio.

La pista de bolos es inédita en cualquier otro hotel (con cargo extra).

La piscina principal es de 930 m² con un tobogán de agua, y la pileta más pequeña de 740 m² posee una playa con arena. También hay un río artificial de 213 m de largo.
El hotel posee acceso directo a pie al parque acuático *Volcano Bay* en pocos minutos.

Las familias y grupos numerosos tienen la opción de suites de 2 dormitorios para hasta 6 personas. Las habitaciones estándar tienen capacidad para hasta 4 personas.

Transporte: Senderos para caminar (20 a 25 minutos) y autobuses de traslado.
Tamaño de la habitación y precios: Las habitaciones estándar son de 28 m² ($161-301), las suites familiares son de 40 m² ($212-392) y las suites de 2 dormitorios son de 72 m² ($449-$702).
Actividades: Pista de bolos, sala de juegos, dos piscinas, una con tobogán de agua,

fogata con s'mores, centro de diversión, películas y actividades junto a la piscina, una tienda y un gimnasio.
Comidas: Bar junto a la piscina, patio de comidas, restaurante con servicio de mesa, lounge bar, Starbucks, bar y parrilla junto a la piscina, entrega de pizza en la habitación.

Loews Sapphire Falls Resort

Este complejo de 1.000 habitaciones y 83 suites es un hotel de categoría Preferred y es inspirado en el Caribe.

La parte central de este hermoso destino tropical es una piscina de 16.000 pies cuadrados - la más grande de Orlando - con dos playas de arena, cabañas, y un tobogán de agua. Los viernes, hay un buffet pago y un espectáculo llamado *Caribbean Carnival*.

Este hotel no incluye el *Express Pass*, ni la prioridad en los restaurantes.

Transporte: Taxis acuáticos, pedicabs, senderos para caminar (15 a 20 minutos) y autobuses de traslado.
Tamaño de la habitación y precios: Las habitaciones estándar son de 34 m² ($227-381), y las suites son desde 49 m² ($328-764).
Actividades: Piscina, dos playas, un jacuzzi, tobogán de agua, fogata con s'mores, gimnasio con sauna seco, sala de juegos y una tienda.
Comidas: Restaurante con servicio de mesa, bar junto a la piscina y menú de tapas, bar de ron y ceviche, y patio de comidas.

Loews Royal Pacific Resort

Este hotel de 1000 habitaciones de categoría Preferred tiene como tema un paraíso tropical.

A un mundo alejado del bullicio de los parques de atracciones, sin embargo, están convenientemente situado justo al lado.

Posee una gran piscina con películas y cabañas, un gimnasio, instalaciones de vapor y sauna, un jacuzzi, y una lavandería.

Disfrute de la ceremonia gratuita de encendido de la antorcha con bailarines de hula y malabaristas del fuego.

El hotel ofrece los sábados el *Despicable Me Character Breakfast* ($40 por adulto y $25 por niño).

La relajada vibración polinesia del hotel y su ubicación lo convierten en una excelente opción. Este hotel incluye acceso ilimitado y gratuito al *Express Pass*.

Transporte: Taxis acuáticos, pedicabs, senderos para caminar (15 a 20 minutos) y autobuses de traslado.

Tamaño de la habitación y precios: Las habitaciones estándar son de 35 m² ($289-584), y las suites desde 60 m² ($578-753).
Actividades: Una gran piscina, cancha de voleibol, área de juegos acuáticos, gimnasio, croquet, actividades junto a la piscina, una ceremonia de encendido de antorchas, y una cena con espectáculo *Wantilan Luau*.
Comidas: Bar y parrilla junto a la piscina, restaurante de servicio de mesa, bar, salón y bar de sushi, y espectáculo con cena hawaiana.

Hard Rock Hotel Orlando

Este hotel de rock 'n' roll, de categoría Premier, posee 650 habitaciones, incluyendo 33 suites. Es el hotel más cercano a los parques.

Lo más destacado es la piscina de arena blanca de 1,100 m² con un sistema de sonido subacuático. Hay películas y conciertos junto a la piscina.

Las clases de DJ se realizan en el lobby en temporada alta, e incluso puede alquilar una guitarra *Fender by AXE* sin costo adicional durante su estadía.

Este hotel es el más cercano a *CityWalk* y a los parques temáticos, y se encuentra justo al lado de *Universal Studios Florida*; esto permite que darse un chapuzón de mediodía en la piscina sea una posibilidad real.

Transporte: Taxis acuáticos, pedicabs, senderos para caminar (5 mins to USF and 10 mins to IOA) y autobuses de traslado.
Tamaño de la habitación y precios: 35 m² para una habitación estándar ($332-

651)
Actividades: Piscina, jacuzzis, cancha de voleibol y un gimnasio; sala de juegos; y una tienda.
Comidas: Bar y Servicio Rápido, heladería y pizzería, servicio de mesa, desayuno buffet, y un bar.

Loews Portofino Bay Hotel

Portofino Bay es un complejo turístico de lujo de 750 habitaciones de categoría Premier con temática del pueblo italiano de Portofino.

El hotel posee tres piscinas. En temporada alta, hay películas junto a la piscina. El *Mandara Spa* ofrece una variedad de experiencias que incluyen masajes, faciales, servicios de uñas, depilación con cera y cortes de pelo.

Por las tardes, el hotel ofrece música en vivo y cantantes clásicos, y los huéspedes pueden disfrutar de la atmósfera.

Transporte: Taxis acuáticos, pedicabs, senderos para caminar (20 mins) y autobuses de traslado.
Tamaño de la habitación y precios: 42 m² por una habitación estándar ($404-$668), y las habitaciones para niños son desde $697 hasta $1158.
Actividades: 3 piscinas, películas junto a la piscina, spa, música en vivo.
Comidas: Bar de lujo, restaurante gourmet con servicio de mesa, cafetería, restaurante de servicio rápido, bar con bocadillos, *bar y grill*, buffet y restaurante con servicio de mesa.

Universal Studios Florida

Universal Studios Florida fue inaugurado en 1990 como el primo floridano del popular parque temático de Universal Studios en Hollywood. La idea original del parque era experimentar cómo se hacían las películas.

Universal permite navegar y experimentar las películas en lugar de sólo ver cómo se hacen. El parque recibió 10,9 millones de invitados en 2019.

Nota: Las esperas promedio por atracción que se indican en esta sección son estimaciones para los días de verano más ocupados durante las vacaciones escolares. Los tiempos de espera pueden ser menores en otras épocas del año. También pueden ser ocasionalmente más altas, especialmente durante la semana del 4 de julio, Día de Acción de Gracias, Navidad, Año Nuevo y otros días festivos.

En las listas de las comidas, esta información fue correcta durante nuestra última visita al restaurante. Incluimos una muestra de la comida que se ofrece y no el menú completo. Los precios de la comida listados no incluyen bebida o impuesto de venta, a menos que se indique lo contrario. Cuando una atracción figura en la lista como que requiere casilleros, todos los artículos sueltos deben ser guardados en un casillero de cortesía fuera de la atracción.

Leyenda de la atracciones:

EX	Tiene Express Pass?		Restricción de altura
📷	Hay una foto en la atracción?	⌄	Duración de la atracción
🔒	Requiere casilleros?	⧖	Espera promedio

¿Qué son Express Pass y UDP?
En esta sección verá la frase *Express Pass* a menudo. Pero, ¿qué es? Es un servicio opcional de evitar las filas normales que se incluye en las tarifas de algunos hoteles de Universal o se puede comprar individualmente. Puede leer más sobre ello en la página 34. UDP es un plano de comida de Universal - más informaciones en la página 38.

Production Central

Production Central es el lugar del Servicio de Visitantes donde usted puede solicitar pases para discapacitados, realizar reservas para cenar, formular preguntas y dar su opinión.

Encontrará **casilleros**, **alquiler de cochecitos y sillas de ruedas**, **objetos perdidos** y **primeros auxilios**.

También encontrará el *American Express Passholder Lounge*, frente a la tienda Shrek. Este salón está reservado para los huéspedes que usan una tarjeta *AmEx* para comprar boletos del parque o un pase anual directamente de Universal.

Dentro del salón de *AmEx*, encontrará agua embotellada, aperitivos y instalaciones para cargar su teléfono. Simplemente muestre el recibo de su boleto, el boleto mismo, y su tarjeta de *AmEx* para entrar. Los huéspedes deben usar una tarjeta *AmEx* para comprar sus boletos para el parque temático (en UniversalOrlando.com o en las boleterías del parque) para tener acceso a este salón.

Si necesitan enviar algo por correo, pueden dejar sus **cartas y postales** en el buzón, situado a la izquierda al entrar después de los molinetes, a la derecha de los casilleros.

Las estampillas pueden ser compradas en la tienda de *On Location* aquí en el *Front Lot*.

Los **Servicios Familiares y de Salud**, que incluyen una sala de enfermería, también se encuentran aquí.

Hollywood Rip Ride Rockit

Hollywood Rip Ride Rockit es una montaña rusa única que domina el cielo.

En esta atracción, podrá elegir entre varias canciones para reproducir durante el recorrido. Justo después de la primera caída, ingresa en un 'bucle' único donde se mantente erguido en todo el recorrido, una experiencia realmente única.

Además de las fotos del viaje, ¡puede comprar un video musical de su viaje usando las cámaras instaladas!

Si | Si | Si | 130-201cm | 2 mins | 45 a 90 mins

Una fila de Single Rider se encuentra disponible en esta atracción.

TRANSFORMERS: The Ride-3D

TRANSFORMERS es un paseo de movimiento con grandes pantallas 3D. Su carro se mueve de un set a otro, actuando como un simulador en movimiento que lo sumerge en la acción.

TRANSFORMERS: The Ride es doblemente impresionante para los fans de la franquicia de la película, pero puede ser disfrutada por todos.

Se encuentra disponible una fila de *Single Rider*, que normalmente reduce la espera a la mitad de la espera normal. Los niños entre 102 cm y 122 cm deben estar acompañados por un acompañante que los supervise.

Si | No | No | 102 cm | 4 mins | 30 a 60 mins

Shrek 4-D

La parte única de esta atracción son los asientos, que actúan como simuladores personales.

Además, cuenta con asientos fijos disponibles.

La película es muy divertida, con algunos chistes trillados y muchos comentarios sobre Disney.

Si | No | No | N/A | 12 mins | 15 a 45 mins

Despicable Me: Minion Mayhem

Un paseo en simulador con efectos 4D y los personajes de *Mi Villano Favorito*. ¡Una visita obligada para los fans de las películas! Debido a la popularidad de los personajes, las esperas son casi siempre muy largas.

Consejo principal: Una versión fija de esta atracción funciona con bancos que no se mueven, pero puede verse la pantalla.

Los niños de entre 102 cm y 122 cm deben ser acompañados. Los niños menores a 102 cm pueden acceder a los asientos fijos.

Si | No | No | 102 cm | 4 mins | 45 a 90 mins

Restaurantes

Universal Studios' Classic Monster Cafe – Servicio rápido. Acepta UDP. Sirven pollo, lasaña, hamburguesas, pizza y más. Los platos principales cuestan entre $13 y $20.

Universal Studios Florida

New York

Revenge of The Mummy

Revenge of The Mummy es una de las montañas rusas más divertidas de Orlando. Comienza como un recorrido lento y se convierte en una montaña rusa tradicional.

La atracción cuenta bien su historia y lo sumerge a uno en la atmósfera. Es una gran emoción, con sorpresas por todas partes. La fila de espera también es increíblemente detallada y contiene varios elementos interactivos. Se encuentra disponible una fila de espera para *Single Rider*.

Si · Si · Si · 122 cm · 4 mins · 20 a 60 mins

Recomendamos a los principiantes que vean la línea de espera regular antes de usar *Single Rider*.

The Blues Brothers Show

Vea a Jake y Elwood, los Blues Brothers, subir al escenario en este espectáculo. A diferencia de otros espectáculos en los que se sienta en un anfiteatro al estilo de un espectáculo, *The Blues Brothers Show* se realiza en un pequeño escenario en la calle con un aire de actuación callejera.

El público no es muy numeroso, y la mayoría de la gente entra y sale durante el espectáculo - vale la pena detenerse.

Escalera Rocas

Al lado de *Revenge of the Mummy*, hay un pequeño callejón que tiene una pared para escalar de 15 metros de altura. ¡Escale y una vez que llegue a la cima, toque la campana para proclamar victoria!

Race Through New York Starring Jimmy Fallon

Esta es una aventura simulada en 3D con el comediante estadounidense Jimmy Fallon.

Si No No 102 cm 25 mins Ninguna

Dentro de los estudios de la NBC, usted podrá explorar dos salas con los recuerdos de la NBC y del Tonight Show y disfrutar de clips, juegos y espectáculos en vivo. También hay zonas de asientos. Una vez que se ha llamado, usted recoge sus gafas 3D. Estas salas de espera son mucho mejores que estar en una cola estándar.

Luego, aborda un "teatro volador" y disfruta de una carrera "a través de las calles y los cielos de la Gran Manzana", encontrando todo, desde hitos icónicos hasta los túneles de metro más profundos.

Restaurantes

Finnegan's Bar and Grill – Servicio de mesa. Acepta UDP. Sirven ensaladas, sándwiches, *fish and chips*, pollo, carne curada, salmón y más. Los platos principales cuestan entre $15 y $25.

Louie's Italian Restaurant – Servicio rápido. Acepta UDP. Sirven pasta, pizzas enteras y en rebanadas. Los platos principales cuestan entre $9 y $15. Las pizzas enteras cuestan entre $35 y $40.

Starbucks y **Ben & Jerry's** – Servicio rápido/Refrigerios. La comida y las bebidas cuestan entre $3 y $6 cada una.

World Expo

MEN IN BLACK: Alien Attack

En *Men In Black*, su misión es proteger la ciudad y derrotar a los alienígenas que la atacan.

Se les envía en equipos de seis en vehículos y, usando armas láser de mano, compiten contra otro grupo de visitantes para derrotar a los extraterrestres y obtener un alto puntaje.

Este paseo es una experiencia divertida y familiar que recomendamos encarecidamente. Se encuentra disponible una fila de *Single Rider*.

Niños entre 42" and 48" deben estar acompañado por un compañero que los supervisen.

Si | Si | Si | 107 cm | 5 mins | Menos de 45 mins

Consejo principal: Mantenga apretado el gatillo durante todo el viaje. Obtendrá puntos por hacer esto, independientemente de si usted acierta o no a algún objetivo.

Consejo principal 2: Para obtener más puntos, dispare a Frank el Pug que se encuentra escondido en el recorrido en el puesto de periódicos en el lado derecho de la segunda habitación.

Fear Factor Live

Prepárese para ver a los invitados del parque temático enfrentarse a sus miedos en vivo en el escenario mientras compiten entre sí en *Fear Factor Live*. Este es un divertido espectáculo que une a todos.

Alternativamente, ¿por qué no se inscribe y se convierte en uno de esos invitados? Para participar en el espectáculo, debe estar cerca de la entrada 60 a 90 minutos antes de la hora del espectáculo. Los invitados deben ser mayores de 18 años, tener una identificación con foto y estar en buena condición física para participar.

Los voluntarios también son elegidos para desempeñar papeles menores durante el espectáculo.

 Si No No N/A 20 mins Horarios fixos

Sentimos que este espectáculo está empezando a mostrar su antigüedad, y esperamos que sea reemplazado en los próximos años por una nueva atracción, pero por el momento es una distracción divertida - especialmente si nunca lo ha visto antes.

Hollywood

Universal's Horror Make Up Show

Entre al detrás de escena y observe cómo se crean los efectos sangrientos y de terror para las películas de Hollywood en este divertido y educativo espectáculo que seguro le dará un buen resultado.

El guión está muy bien pensado, con risas tras risas, y también una divertida interacción con el público. ¡Recomendamos encarecidamente que lo visite!

El teatro es relativamente pequeño, así que llegue temprano.

Si desea ser parte del espectáculo, los anfitriones tienden a elegir mujeres jóvenes en la sección media del teatro. También tienden a elegir a alguien que creen que hablará poco o nada de inglés, por el efecto cómico.

The Bourne Stuntacular

The Bourne Stuntacular abrió en Universal Studios Florida en 2020. Universal dice: "Este innovador espectáculo de acción en vivo basado en la exitosa franquicia cinematográfica *Bourne* de Universal Pictures desdibujará las líneas entre el escenario y el cine en una forma híbrida de entretenimiento nunca antes vista".

"Todo lo que los fans esperan de la franquicia cinematográfica de Bourne, llena de acción, sucederá justo delante de los invitados con actores en directo, accesorios de alta tecnología y una inmensa pantalla LED, lo que hace imposible discernir dónde termina la acción en directo y comienza el cine".

Restaurantes
Mel's Drive-In – Servicio rápido. Sirve hamburguesas, palitos de pollo y batidos. Acepta UDP. Los platos cuestan entre $11 y $16.50.
Schwab's Pharmacy – Refrigios. Sirve helado a un precio entre $3 y $9.
TODAY Cafe – Servicio rápido. Sirve sándwiches, pasteles y ensaladas. Acepta UDP. Los platos cuestan de $9 a $14, los pasteles cuestan de $3 a $5.50.

Springfield: Home of The Simpsons

En este lugar hay muchas oportunidades para tomar fotos, incluyendo una escultura gigante de donuts de Lard Lad, el jefe Gorgory junto a su patrulla, una estatua de Jeremías Springfield, Duff Man flexionando sus músculos y más. Los personajes de Los Simpson se reúnen a menudo en esta área, y hay juegos de feria en los que se puede pagar para jugar.

The Simpsons Ride

The Simpsons Ride da vida a la famosa familia amarilla de Springfield en una divertida atracción al estilo de un simulador frente a una enorme pantalla. En esta experiencia, usted entra en *Krustyland* y se sube a una alocada montaña rusa simulada.

Su aventura está llena de chistes y es una divertida experiencia familiar. ¡A los fans de los Simpson les encantará este paseo!

Dato curioso: Durante el video previo al espectáculo, busque el auto DeLorean y el Doc Brown de *Volver al Futuro*. Este es un tributo a la atracción de *Volver al Futuro* que anteriormente ocupaba el mismo edificio.

Kang and Kodos' Twirl 'N' Hurl

Este es un paseo giratorio de estilo de feria relativamente estándar, como la atracción *Dumbo* de Disney. Aquí, se sienta en platillos voladores y da vueltas. Una palanca le permite controlar la altura de su platillo. Alrededor de la atracción hay imágenes de los personajes de Los Simpson; cuando pasa por delante de ellos, hablan.

Restaurantes

Fast Food Boulevard – Servicio rápido. Acepta UDP. A pesar de parecer varios edificios separados de los Simpson, esta es en realidad un área con las siguientes secciones:
• Moe's Tavern ofrece Buzz Cola, Llamarada Moes y Cerveza Duff ($4 a $9)
• Lisa's Teahouse of Horror ofrece ensaladas y wraps ($7 a $11)
• Luigi's ofrece pizzas de tamaños personalizados ($11 a $16.50)
• The Frying Dutchman ofrece platos a base de pescado ($5 a $21.50)
• Cletus' Chicken Shack ofrece pollo frito y sándwiches de pollo ($8 a $11)
• Krusty Burger ofrece hamburguesas y perros calientes ($9.50 to $19)
Duff Brewery – Bar con snacks. Bebidas entre $4-$9, un perro caliente cuesta $10 y las papas fritas $3.
Bumblebee Man's Taco Truck – Servicio rápido. Las bebidas cuestan $4 a $8, tacos $10.

San Francisco

Fast & Furious: Supercharged

Fast & Furious: Supercharged es una atracción al estilo de los simuladores en la que se participa en una persecución simulada a alta velocidad con el elenco de las películas.

Fast & Furious opera un sistema *Virtual Line*. En lugar de esperar en una cola tradicional, se realiza una reserva gratuita para experimentar este paseo usando la aplicación Universal Orlando o en las ventanillas de la entrada de la atracción. Durante los periodos más tranquilos, puede simplemente ingresar a la primera sala de exhibición. También dispone de una fila de espera para *Single Rider*.

Los fanáticos de los parques

Sí | No | No | 102 cm | 5 mins | Ninguno

temáticos generalmente parecen estar de acuerdo en que este es el peor paseo en el parque - tal vez usted puede considerar que es algo que hacer cuando llueve, o si las esperas para otros paseos son demasiado largas.

Los fans de la franquicia probablemente disfrutarán viendo de cerca algunos automóviles de carrera y algunas caras familiares en la pantalla.

Niños entre 102cm y 122cm deben estar acompañado por un compañero que los supervisen.

Restaurantes

Richter's Burger Co. — Servicio rápido. Acepta UDP. Sirven hamburguesas, ensaladas y sándwiches de pollo. Los platos principales tienen un precio de $11.50 a $15.

Lombard's Seafood Grille — Servicio de mesa. Acepta UDP. Sirve ensaladas, sándwiches, la pesca del día, mejillones y más. Los platos principales tienen un precio de entre $16 y $27.

San Francisco Pastry Company — Snacks y servicio rápido. Sirven sándwiches, sopas y pasteles. Acepta UDP. Los platos principales tienen un precio de entre $5 y $14.

Woody Woodpecker's KidZone

Esta es la zona del parque dedicada a los miembros más pequeños de la familia. Como verán, Universal no es solo para los adictos a la adrenalina.

E.T. Adventure

Un lindo paseo en el que se sienta en las bicicletas, como en *E.T.*, y se eleva por el cielo mientras intenta mantener a *E.T.* a salvo. Si no le gustan las alturas, evite esta atracción.

Es un paseo divertido y una de las pocas atracciones de *Universal Studios Florida* que queda del día de apertura del parque.

Los niños entre 87 cm y 122 cm deben ser acompañados por un acompañante que los supervise.

A Day in the Park with Barney

Acompañe a Barney y a sus amigos en un espectáculo lleno de diversión donde los pequeños pueden cantar. Después del espectáculo, hay un área de juegos, y puede conocer a Barney.

Animal Actors on Location!

Una mirada detrás de escena para ver cómo se enseña a los animales a actuar en las películas. Los fanáticos de los animales (y los niños) lo disfrutarán, pero creemos que el espectáculo es deficiente. Aconsejamos que lo eviten, a menos que sean grandes fans de los animales o tengan tiempo libre.

Woody Woodpecker's Nuthouse Coaster

   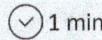

Woody Woodpecker's Nuthouse Coaster es una manera de introducir los niños al mundo de las montañas rusas antes de intentar algo más intenso.

El paseo es muy divertido para los pequeños o para los que aún no quieren subirse a la *The Incredible Hulk Coaster*.

Es una atracción corta pero debería ser más que suficiente para complacer a los jóvenes buscadores de emociones.

Los niños entre 91 cm y 122 cm deben ser acompañados por un acompañante que los supervise.

Restaurantes

KidZone Pizza Company – Servicio Rápido. Acepta UDP. Sirve pizzas, pretzels y perritos de maíz. Los platos principales cuestan entre $11 y $14.50.

Universal Studios Florida

The Wizarding World of Harry Potter: Diagon Alley

The Wizarding World of Harry Potter puede ser la zona más conocida de Universal. Se encuentra dividida entre los dos parques: Diagon Alley se encuentra en Universal Studios Florida.

Tiendas

- **Quality Quidditch Supplies** – Vende ropa, sombreros y colgantes, escobas, Snitches de Oro y Quaffles.
- **Weasleys' Wizard Wheezes** – Vende artículos de broma, juguetes, artículos novedosos y trucos de magia.
- **Madam Malkin's** – Podrá encontrar uniformes escolares de *Hogwarts*, con corbatas, batas, bufandas y más. También venden joyas.
- **Ollivander's (espectáculo y tienda)** – Vea un espectáculo corto en el que una varita mágica elige a un mago. Luego, compre la suya.
- **Wiseacre's Wizarding Equipment** – Posee una amplia gama de artículos, desde relojes de arena hasta brújulas, y desde telescopios hasta binoculares.
- **Wands by Gregorovitch** – La legendaria tienda de varitas.
- **Shutterbuttons** – Obtenga una "imagen en movimiento" personalizada como en los periódicos de *Harry Potter* por $89.95. Hasta 4 personas pueden participar en la experiencia.

Varitas Interactivas

Para participar, debe comprar una varita interactiva. Cuesta $55; son $6 más que las varitas no interactivas.

Una vez que obtenga una varita, busque uno de los más de 25 medallones de bronce en las calles de el *Wizarding World* que marcan los lugares donde puede realizar hechizos. También obtendrá un mapa de los sitios incluidos en cada compra de varita mágica.

Cuando se pares sobre un medallón, realice el hechizo correcto: dibuje la forma del hechizo en el aire con su varita y diga el nombre del hechizo. Luego, observe cómo sucede la magia.

Esto es un divertido entretenimiento extra, y las varitas pueden ser reutilizadas en futuras visitas.

Harry Potter and the Escape from Gringotts

Maravíllese con el dragón que exhala fuego en el techo. Luego, diríjanse al interior y prepárense para la experiencia de su vida.

La cola de espera es una experiencia tan emocionante como la atracción- verá duendes, bóvedas de hechiceros e incluso un enorme ascensor. La atracción es una montaña rusa "multidimensional". Mezcla elementos del mundo real con video en 3D en las pantallas.

| EX: Sí | 📷 Sí | 🔒 Sí | 107 cm | ⏱ 5 mins | ⏳ 30 a 60 mins |

Hay una fila de espera Single Rider, pero omite todas las geniales escenas de la fila. Niños entre 107 cm y 122 cm deben estar acompañado por un acompañante que los supervisen.

Ollivanders

Técnicamente, esto es un espectáculo previo a una tienda. Ingresa a *Ollivanders* en grupos. Una persona es elegida por el maestro de varitas para encontrar la varita adecuada para ellos a través del uso de efectos especiales en un corto e interactivo show. Cuando la varita correcta es encontrada, pueden comprarla en la tienda de al lado.

Esta es una experiencia fantástica. Es apropiada para todas las edades.

La fila de *Ollivanders* avanza mucho más rápido que la de *Islands of Adventure*.

No | No | No | N/A | 3 mins | Menos de 10 mins

Kings Cross Station y el Hogwarts Express

Los visitantes pueden atravesar el muro hasta la plataforma 9 ¾ y tomar el *Hogwarts Express*. Este viaje en tren lo transporta a *Hogsmeade* (en *Universal's Islands of Adventure*).

Durante el viaje, podrán ver a Hagrid en su motocicleta, la campiña inglesa, Buckbeak el Hipogrifo, el Autobús noctámbulo púrpura, los gemelos Weasley en escobas, e incluso algunos Dementores. La experiencia es diferente en cada dirección.

Una vez que se baje del tren en *Hogsmeade*, podrá explorar las atracciones temáticas de *Harry Potter*.

Importante: Para experimentar *Hogwarts Express*, debe tener un Boleto de Parque a Parque ya que se moverá físicamente entre los parques temáticos.

Si | No | No | N/A | 5 mins | 15 a 45 mins

Restaurantes

Leaky Cauldron – Servicio rápido. Acepta UDP. Sirve comida inglesa como salchichas y puré, pastel de salchichas, y pescado y papas fritas. Las entradas del desayuno son de $12 a $17. Las entradas del almuerzo y la cena son de $10.50 a $22.

• **Florean Fortescue's Ice Cream** – Servicio rápido. Sirve helados y golosinas, además de artículos para el desayuno y pasteles. No acepta UDP. Los sabores incluyen Earl Grey y Lavanda, Nata, Crema de cerveza, y más. Los helados cuestan entre $6 y $8.50.

Entretenimiento del Parque

Universal's Superstar Parade
Espere ver a Los Minions y Gru de *Mi Villano Favorito*, *Bob Esponja Squarepants*, *Dora la Exploradora*, personajes de *La Vida Secreta de las Mascotas*, y muchos otros en el *Universal Superstar Parade* diario.

Este desfile es muy divertido para los fanáticos de los personajes. Tanto las carrozas como los personajes son muy buenos para ver, y la música divertida añade diversión.

Este desfile es mucho menos concurrido que los desfiles de los parques temáticos de Disney. Por lo general, puede conseguir un lugar en primera fila al comenzar el desfile.

Dicho esto, aunque el desfile es agradable, no está a la altura de los estándares de un desfile de Disney. El desfile se realiza una vez al día; la hora está en el mapa del parque.

Consejo principal: Dos veces al día, antes de que empiece el desfile, hay fiestas de baile cerca de *Mel's Drive-In*. Durante las fiestas de baile, las carrozas y los personajes del desfile salen a saludar, bailar y firmar autógrafos.

Universal Orlando's Cinematic Celebration
Termine su noche en el parque con el espectáculo de la noche. Presentado en la laguna del parque temático, este espectáculo de 20 minutos de duración presenta escenas de los éxitos de taquilla de Universal, además de fuentes, proyecciones de agua, música dramática, láser y pirotecnia.

La zona ideal para ver el espectáculo es la zona dedicada cerca de Springfield, aunque el espectáculo es visible desde los alrededores de la laguna.

Universal's Islands of Adventure

Universal's Islands of Adventure fue inaugurado en 1999 con muchas atracciones famosas como *The Incredible Hulk Coaster* y *The Amazing Adventures of Spider-Man*, que instantáneamente lo puso en el mapa de los parques temáticos del mundo. La verdadera revolución para el parque se produjo con la apertura de *The Wizarding World of Harry Potter: Hogsmeade* en 2010.

La expansión y la innovación en el parque no se han detenido desde que *The Wizarding World* fue presentado. En este parque temático, no encontrará 'tierras' o áreas, sino 'islas'. Todas estas islas juntas forman *Universal's Islands of Adventure (IOA)*. El parque recibió a 10,3 millones de visitantes en 2019.

Entretenimiento en IOA: No hay espectáculos de fuegos artificiales o desfiles diarios. Sin embargo, aparecen personajes en las distintas áreas, en particular en *Seuss Landing* y en *Marvel Superhero Island*. No hay personajes de Harry Potter en *Hogsmeade*, excepto el conductor del *Hogwarts Express*.

Port of Entry

Port of Entry actúa como una puerta de entrada a *Islands of Adventure*.

A la derecha del arco de bienvenida de *Port of Entry*, encontrará **Servicio al visitante**. Aquí, usted puede obtener ayuda con el acceso, las reservas de restaurantes, así como preguntas, comentarios positivos y quejas. Los **objetos perdidos** también se encuentra aquí.

Casilleros, una máquina expendedora de **tarjetas telefónicas** y un **teléfono público** se encuentran a la izquierda del arco.

También podrá encontrar aquí **alquiler de cochecitos y sillas de ruedas**. Primeros auxilios se encuentra ubicado dentro del edificio *Open Arms Hotel* a la derecha del arco de entrada. Hay otra estación de primeros auxilios en *The Lost Continent*.

Dato curioso: En el alquiler de cochecitos, busque un cartel con los precios de varios artículos con formas como una góndola, un aerobote y un coche cohete.

Restaurantes

Confisco Grille and Backwater Bar – Servicio de mesa. Acepta UDP. Sirve pizzas de horno de leña, sándwiches, pasta y fajitas. Los platos principales cuestan entre $13 y $24.
Croissant Moon Bakery – Servico rápido. Acepta UDP. Sirve desayunos continentales, sándwiches, paninis, pasteles y café de marca. Los platos principales cuestan de $3 a $14.
Starbucks – Servicio rápido. Las bebidas cuestan entre $3 y $6. Acepta UDP.

Universal's Islands of Adventure

Marvel Super Hero Island

Encontrará a los personajes de Marvel recibiendo a los visitantes en esta área del parque.

The Amazing Adventures of Spider-Man

Uno de las atracciones más innovadoras del mundo, *The Amazing Adventures of Spider-Man* mezcla proyecciones con elementos del mundo real como nunca antes se ha visto, mientras recorre la ciudad de Nueva York con Spider-Man.

El argumento funciona bien, el viaje es divertido y esto es algo que no se puede dejar de hacer.

Si | Si | No | 102 cm | 5 mins | 45 a 75 mins

Esta atracción opera una línea de *Single Rider*, que a menudo puede ahorrarle mucho tiempo.

The Incredible Hulk Coaster

Ganadora de numerosos premios, *The Incredible Hulk Coaster* es nuestra montaña rusa favorita en Orlando. Es una emoción realmente excepcional con enormes

 Si Si Si 137 cm 2 mins 30 a 90 mins

bucles, una sección subterránea, y la diversión sin parar desde el momento en que se lanza fuera del túnel hasta que se regresa.

Tiene una fila *Single Rider*.

Doctor Doom's Fearfall

El Doctor Doom necesita sus gritos de poder; para conseguirlos, los lanza al aire.

El paseo incluye un lanzamiento de alta

 Si No No 132 cm 1 min 45 a 60 mins

velocidad hacia arriba, seguido de una caída libre hacia abajo (y luego arriba y abajo hasta que se detengas). Cuenta con una fila *Single Rider*.

Storm Force Accelatron

Una atracción estándar estilo taza de té con la temática de la superheroína

 Si No No 122 cm 1 min Menos de 10 mins

de Marvel, Storm… ¡y es rápida! Un adulto debe acompañar a los menores de 122 cm.

Restaurantes

Captain America Diner – Servicio rápido. Acepta UDP. Sirve hamburguesas con queso, sándwiches de pollo, palitos de pollo y ensaladas. Los platos principales cuestan entre $11.50 y $19.

Cafe 4 – Servicio rápido. Acepta UDP. Sirve pizza, pasta, sándwiches y ensaladas. Los platos principales cuestan entre $10 y $17. Las pizzas enteras cuestan entre $35 y $40. Una comida con personajes Marvel se realiza de jueves a domingo de 5:00 pm a 7:00 pm, y cuesta $49 por adulto y $25 por niño.

Universal's Islands of Adventure

Seuss Landing

Esta área está temática a los libros del Dr. Seuss. Para hacer que esta tierra parezca única, los diseñadores del parque temático incluso se aseguraron de que no hubiera líneas rectas en ninguna parte.

One Fish, Two Fish, Red Fish, Blue Fish

Un paseo clásico de vueltas, como *Dumbo* en los parques de Disney. Este, sin embargo, tiene una pequeña diferencia.

La banda sonora es en realidad un conjunto de instrucciones que debe seguir para mantenerse seco. Así que, cuando escuche "arriba, arriba, arriba" deseará dirigirse hacia arriba y estar lo más alto posible para evitar mojarse. Este es un giro divertido en lo que puede ser un tipo de atracción poco imaginativa. En los momentos más fríos, el agua permanece cerrada.

Si | No | No | 122 cm | 1 min 30 seg | 15 a 45 mins

The High in the Sky Seuss Trolley Train Ride

Un lindo y lento viaje a través de los tejados en *Seuss Landing*. Podrá observar que no hay líneas rectas en esta zona mientras se recorre la loca tierra del Dr. Seuss. 102 cm mínimo para subir acompañado o 122 cm para subir solo

Si | Si | No | 102 cm | 5 mins | 15 a 45 mins

Caro-Seuss-el

Un clásico paseo en carrusel temático de la serie de libros de Seuss. Es poco probable que haya una espera para este paseo en cualquier momento.

Si | No | No | N/A | 2 mins | Menos de 10 mins

The Cat in the Hat

Gire a través de la historia de El Gato en el Sombrero. El paseo tiene más sentido si ha leído los libros o visto las películas, pero es agradable para todos.

Si | No | No | 92 cm | 4 mins | 15 a 45 mins

Restaurantes

Circus McGurkus Cafe Stoo-pendous – Servicio rápido. Acepta UDP. Sirve pizza, pasta, ensaladas, hamburguesas con queso y pollo. Los platos principales cuestan entre $9 y $16.

The Lost Continent

Tematizado con criaturas mitológicas; alberga el aclamado restaurante Mythos.

Poseidon's Fury

Una combinación de un espectáculo en vivo y una experiencia de paseo con efectos de fuego frío y agua. Tenga en cuenta que este espectáculo es sólo para estar de pie.

En nuestra opinión, este es una buena visita, pero no vale la pena esperar más de 30 minutos. Regrese más tarde en el día si la espera es larga.

 Si No No N/A 15 mins 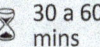 15 a 45 mins

The Mystic Fountain

Una ingeniosa fuente interactiva, parlante, en un área del patio. Puede formular preguntas a la fuente y tener una charla. A la fuente también le encanta contar chistes y mojar a la gente si se acercan demasiado. *The Mystic Fountain* sólo funciona a determinadas horas del día.

Restaurantes

Mythos Restaurant – Servicio de mesa. Acepta UDP. Sirve sándwiches, pad thai, salmón y ñoquis a la boloñesa. Los platos principales cuestan entre $14 y $36. Sólo abre para el almuerzo.
Fire Eater's Grill – Servicio rápido. Acepta UDP. Sirve perros calientes, dedos de pollo y ensaladas. Los platos principales cuestan entre $10 y $12. Las porciones son grandes.

Skull Island

Skull Island: Reign of Kong

Suba a bordo de uno de los enormes vehículos 4x4 de 72 asientos. Una vez a bordo, cada viaje promete ser único, ya que uno de los cinco conductores diferentes lo llevará a una aventura.

Universal dice: "Navegará por selvas peligrosas, explorará antiguas estructuras de templos y se encontrará con nativos hostiles, y eso es sólo el principio".

Si No No 91 cm 6 mins 30 a 60 mins

"Durante el resto de su excursión, se enfrentará a cuevas premonitorias repletas de criaturas prehistóricas, evitará terrores indescriptibles e incluso se encontrará cara a cara con el colosal Kong".

Los animatronics, la música y la atmósfera creada aquí son incomparables.

Single Rider se encuentra disponible.

Advertencia: La fila para este paseo es oscura y hay actores en la fila ("los nativos") que asustan a los invitados mientras esperan. El paseo también puede ser demasiado intenso para los niños pequeños.

Universal's Islands of Adventure

The Wizarding World of Harry Potter: Hogsmeade

Entre en el mundo de Harry Potter y experimente una visita a Hogsmeade. Cene, compre y experimente las atracciones increíbles. El área es demasiado temática y los fanáticos de Potter verán la autenticidad como en ningún otro lugar.

Harry Potter and the Forbidden Journey

Una atracción verdaderamente innovadora con proyecciones, vehículos de paseo flexibles y una fila increíblemente detallada.

La apertura de esta atracción fue un punto de inflexión en la historia de Universal Orlando, consolidando su lugar como uno de los mejores parques temáticos del mundo.

La fila de esta atracción es una atracción en sí misma, ya que se abre paso a través del Castillo de *Hogwarts* viendo escenas especialmente creadas y experimentando momentos como el famoso trío de los libros y películas de Potter.

Al final de la fila, es el momento de una aventura increíble: esta es una atracción al estilo de los simuladores que difumina las líneas entre los decorados físicos y las proyecciones en pantalla. Además, el momento en que su banco encantado despega

por la primera vez es impresionante.

Espere encontrarse con dementores, participar en un partido de *quidditch*, enfrentarse cara a cara con los dragones y mucho más.

Hay una fila de espera *Single Rider* disponible, que puede reducir significativamente los tiempos de espera; las esperas suelen ser unos 50-75% más cortas que el tiempo de espera estándar en nuestra experiencia, pero esto puede variar.

Advertencia: Para nosotros, este paseo crea tensión mental debido a las sensaciones simuladas y a las pantallas frente a ustedes. Esto significa que si se sube a él más de una vez seguidas, puede sentirse mal.

Secreto oculto: Cuando se encuentre en la oficina de Dumbledore escuchando su discurso, mire los libros de la pared a su derecha. Uno de los libros puede hacer algo muy mágico.

Flight of the Hippogriff

Una pequeña montaña rusa donde usted sube a un hipogrifo y pasa por la

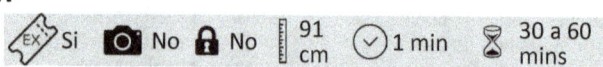

cabaña de Hagrid. Una buena diversión familiar y una buena montaña rusa para empezar antes de subir a sus hijos a algo de más intenso. Los niños entre 91 cm and 122 cm deben ser acompañados por un acompañante que los supervise.

Universal's Islands of Adventure

Hogsmeade Station and the Hogwarts Express

Tome el *Hogwarts Express*, y ser transportado a través del campo hacia *Kings Cross Station* (en *Universal Studios Florida*). El viaje dura varios minutos, y al mirar por las ventanas, verá cómo se desarrollan las historias.

 No   No   No N/A 5 mins 30 a 60 mins

Una vez que se baje del tren en *Kings Cross* se encontrará en Londres.

Allí, puede entrar en *Diagon Alley* y sus atracciones.

Importante: Debe tener un Boleto de Parque a Parque para subir a esta atracción.

Hagrid's Magical Creatures Motorbike Adventure

Esta es la nueva atracción de *Islands of Adventure*, que se inauguró en junio de 2019.

Esta montaña rusa para toda la familia lo lanza a velocidades de hasta 80 km/h mientras se encuentra con criaturas mágicas en el Bosque Prohibido. Avanzará, retrocederá y caerá, todo ello mientras conduce una moto.

Cuenta con la opción de sentarte en la moto en sí o en el *sidecar*. Esta atracción es una adición divertida y emocionante al parque y es algo que no se puede dejar de hacer. Hay una línea de *Single Rider* disponible.

Si Si Si 122 cm 3 mins 180 a 240 mins

Tiendas

Las tiendas y las mercancías aquí son una experiencia tan emocionante como las atracciones. Asegúrese de ingresar para apreciar los detalles.

• **Filch's Emporium of Confiscated Goods** – La tienda de la salida de la atracción *Harry Potter and the Forbidden Journey*. Encontrará ropa, tazas, marcos de fotos y otros objetos. Tiene casi todo lo que un fanático de Potter podría querer.

• **Honeydukes** – Para los que son golosos. Encontrarán dulces de pociones de amor, ranas de chocolate (con tarjetas coleccionables), y otros dulces.

• **The Owlery and Dervish & Banges** – El lugar de las varitas de Potter, las réplicas de Horrocrux e incluso un modelo a escala del *Hogwarts Express*. También se vende ropa, y artículos de librería y de Quidditch.

• **The Owl Post** – Una verdadera oficina de correos donde se pueden enviar cartas o postales - estos reciben un sello de *Hogsmeade*. También encontrará artículos de librería a la venta, así como búhos de juguete.

Comer

Le recomendamos que eche un vistazo dentro de estos, incluso si no come allí.

• **Hog's Head** – Servicio rápido. No acepta UDP. Este pub está en el mismo edificio que *Three Broomsticks*. Sirve cerveza alcohólica, crema de cerveza sin alcohol y jugos. Las bebidas cuestan entre $3 y $9.

• **Three Broomsticks** – Servicio rápido. Acepta UDP. Sirve comidas para el desayuno. En el almuerzo y la cena, encontrará empanadas de Cornualles, *fish and chips*, pastel de pastor, piernas de pavo ahumado, pollo asado y costillas de cerdo. Los platos principales cuestan entre $10 y $17. Hay platos familiares para 4 personas por $60.

Universal's Islands of Adventure

Jurassic Park

Desde que la película de Jurassic Park se convirtió en un clásico en 1993, tanto niños como adultos han soñado con visitar este increíble mundo de dinosaurios. Universal's Islands of Adventure permite que esos sueños se hagan realidad.

Jurassic Park River Adventure

En un barco, se desliza entre enormes dinosaurios. Sin embargo, esta tranquila aventura fluvial pronto cambia de rumbo. ¡Cuidado con el T-Rex antes de tu caída de 26 metros! En esta atracción se encuentra disponible una línea de *Single Rider*.

Consejo principal: La fila de atrás típicamente lo moja menos.

Nota: Los casilleros cuestan $4 por 90 minutos.

Si | Si | No | 107 cm | 5 mins | 45 a 90 mins

Camp Jurassic

Un área de juego con temática de las películas de *Jurassic Park*. Recomendamos explorar el área, ya que el detalle es increíble. Esta área de juegos no está reservada sólo para niños. Cualquiera puede explorar el área, desde las cuevas a los chorros de agua y las plataformas en las copas de los árboles hasta los toboganes.
Dato curioso: Pise las huellas de los dinosaurios para oír un rugido.

Jurassic Park Discovery Center

Un área de exploración donde puede ver modelos de dinosaurios, aprender sobre la secuenciación del ADN y presenciar el nacimiento de un dinosaurio. La parte principal del *Discovery Center* se encuentra dentro del edificio de abajo.

Pteranodon Flyers

Elévese por encima de *Jurassic Park* en una montaña rusa de dinosaurios

Si | No | No | Leer | 1 min | 45 a 75 mins

con alas. Esta es la única atracción del parque que tiene un conjunto de requisitos tan restrictivos. Para que un adulto (o cualquier persona de más de 142 cm) pueda subir, debe ir acompañado de alguien de menos de 91 cm de altura. Esto realmente limita el número de visitantes que pueden experimentar esta atracción. En días determinados, un sistema de boleto de regreso/sistema *Virtual Line* puede funcionar por el cual usted puede dirigirse a una máquina de boletos en la entrada de la atracción y elegir una hora para regresar en lugar de esperar en una fila de espera.

Restaurantes
The Burger Digs – Servicio rápido. Acepta UDP. Sirve hamburguesas, pollo y sándwiches de pollo. Los platos principales cuestan entre $11 y $19.
Thunder Falls Terrace – Servicio rápido. Acepta UDP. Sirve hamburguesas con queso, costillas, piernas de pavo ahumado, wraps y pollo asado. Los platos principales cuestan entre $11.50 y $20.50. Las porciones son grandes.

Toon Lagoon

Toon Lagoon es una tierra entera dedicada al agua - con las dos atracciones acuáticas que más mojan en el parque ubicadas aquí, así como elementos de agua en todas partes de la zona. Los personajes de la tierra están basados en los creados por Jay Ward y King Features Syndicate.

Dudley Do-Right's Ripsaw Falls

¿Desea una atracción acuática que lo deje absolutamente empapado? Inténtelo.

El paseo contiene un interior bien tematizado y culmina en varias gotas con un chapoteo final al estilo de una montaña rusa asegurándose de salir completamente empapado. El paseo alcanza una velocidad máxima de más de 70 km/h, ¡así que tendrá una gran emoción!

En esta atracción hay una cola *Single Rider*.

Hay casilleros opcionales disponibles por una tarifa de $4 por 90 minutos.

Popeye & Bluto's Bilge-Rat Barges

Popeye's se asegurará de que usted salga empapado de la cabeza a los pies. Este

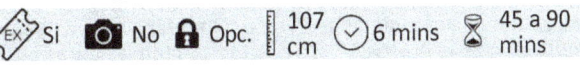

es de lejos el paseo acuático que más moja de Universal, ¡y es muy divertido! Universal ha ideado formas creativas de mojarlo. Cuenta con casilleros opcionales que cuestan $4 por 90 minutos. El centro del bote tiene una sección cubierta para protección básica del agua.

Me Ship, The Olive

Esta es una zona de juegos para niños y un gran lugar para un descanso de las multitudes. Para aquellos que les gusta causar caos, hay cañones de agua gratis en el nivel superior del barco para rociar a los visitantes en la atracción acuática de *Popeye*.

Consejo principal: El nivel superior de esta atracción ofrece vistas maravillosas del parque y es un buen lugar para las fotos.

Restaurantes

Blondie's – Servicio rápido. Acepta UDP. Sirve sàndwiches y hot dogs. Los platos principales cuestan entre $13.50 y $16.
Comic Strip Cafe – Servicio rápido. Acepta UDP. Sirve carne china y brócoli, salchichas con chili *(chilli dog)*, sàndwiches, *fish and chips*, pizza, espaguetis y albóndigas. Los platos principales cuestan entre $10.50 y $19.50.
Wimpy's – Servicio rápido. Acepta UDP. Sirve hamburguesas entre $11.50 y $19.

Volcano Bay

Volcano Bay es la más reciente incorporación de Universal Orlando, un parque acuático situado alrededor de un enorme volcán de 61 metros de altura - Krakatau.

Transporte

Volcano Bay se encuentra en una pequeña parcela de tierra junto al *Cabana Bay Beach Resort*.

Volcano Bay no dispone de un estacionamiento exclusivo. Los huéspedes que se alojan fuera del complejo estacionan en los garajes de estacionamiento de Universal para los parques temáticos y toman un autobús de cortesía para ir a *Volcano Bay*.

Los huéspedes de todos los hoteles de la zona (excepto

Cabana Bay y *Aventura Hotel*) también disponen de un autobús de cortesía desde el hotel hasta el parque acuático. Los huéspedes que se alojen en *Cabana Bay y Aventura Hotel* pueden caminar a *Volcano Bay* ya que se encuentra justo al lado.

TapuTapu

Universal ha revolucionado los parques acuáticos con un parque sin filas. Tendrá que utilizar una banda llamada *TapuTapu*. Se le entrega para que la use durante el día una vez dentro de *Volcano Bay*.

TapuTapu le permite:
• *TapTu Ride* - Las atracciones en *Volcano Bay* no disponen de filas de espera estándar. En su lugar, en las entradas de las atracciones, hay un tótem con un tiempo de espera anunciado. Golpee su TapuTapu en el tótem para saber el tiempo de espera. Luego, regresa a la entrada del paseo cuando su pulsera vibre. Deberá esperar de 5 a 10 minutos para subir a la atracción (en las horas pico, puede ser hasta 30 minutos). Sólo se puede hacer cola virtualmente para una atracción a la vez.
• *TapTu Play* - Golpee su *TapuTapu* en los elementos interactivos del parque, y se desencadenarán acciones como un rociado de agua en el río artificial o luces dentro de una cueva.
• *TapTu Pay* - Usando la aplicación Universal Orlando, vincule sus boletos del parque y *TapuTapu* a una tarjeta de pago y use su prenda para pagar. También puede establecer límites de gasto y un PIN.
• *TapTu Snap* - Hay puntos de foto enmarcadas, toque su *TapuTapu* y pose. También se pueden añadir fotos en la atracción. Las fotos aparecen en la aplicación Universal Orlando donde puede comprar versiones de alta calidad.
• *TapTu Lock* - Use su *TapuTapu* para desbloquear su casillero del parque (costo adicional) - puede asignar hasta 4 pulseras a un casillero.

Atraccionnes

Para cada atracción enumeramos los requisitos de altura mínima y las restricciones de peso máximo de los visitantes.

Krakatau:
En el corazón del parque, usted verá el volcán de 61 m de altura llamado Krakatau. Durante el día, podrá ver sus majestuosas cascadas. Y por la noche, el volcán se ilumina con la lava ardiente.

Tres toboganes se encuentran en la parte trasera del volcán, y cada uno comienza con puertas sorpresa que se abren desde abajo:
• *Ko'okiri Body Plunge:* (122 cm, 136 kg) Una caída de 70 grados que cae en picada por el centro de Krakatau. Es el primer tobogán del mundo en viajar a través de una piscina llena de visitantes.
• *Kala and Ta Nui Serpentine Body Slides:* (122 cm, 104 kg) Dos toboganes entrelazados donde caerá libremente a lo largo de 124 pies giratorios. El verde es más intenso que el azul.
• *Punga Racers:* (107 cm, 125 cm para subir solo) Dos toboganes entrelazados donde caerá libremente a lo largo de 41 metros. El verde es más intenso que el azul.
• *Krakatau Aqua Coaster:* (107 cm, 125 cm para subir solo, 317 kg combinado) La atracción estrella del parque donde se sienta en canoas y viaja tanto de arriba a abajo a través del volcán icónico del parque. Una montaña rusa de agua para 4 personas. Muy divertido.

River Village:
River Village ofrece varias atracciones y experiencias para la familia:
• *Kopiko Wai Winding River:* (Menores 122 cm debe llevar un chaleco salvavidas) Un suave y sinuoso río que pasa a través de las cuevas ocultas del volcán, con efectos de agua espontáneos y un viaje a través de la cueva de la luz de las estrellas.
• *Tot Tiki Reef:* (Máximo 122 cm) Un área de juego para niños pequeños con fuentes maoríes que rocían, toboganes y un volcán de tamaño infantil.
• *Runamukka Reef:* (Máximo 122 cm) Un parque acuático de tres pisos inspirado en el arrecife de coral con toboganes giratorios, rociadores y más.
• *Honu:* (122 cm, 317 kg combinado) Un aventurero viaje en bote de 2 a 5 pasajeros que se eleva a través de una pared doble.
• *Ika Moana:* (107 cm, 125 cm para subir solo, 363 kg combinado) Un retorcido viaje en balsa de 2 a 5 pasajeros que se desliza a través de géiseres burbujeantes.

Rainforest Village:
Presenta un increíble conjunto de atracciones para los buscadores de emociones, incluyendo:
• *Maku:* (107 cm, 125 cm para subir solo, 476 kg combinado) Un "paseo en platillo" enviando balsas de 2 a 6 pasajeros que se mueven en tres curvas en forma de platillo.
• *Puihi:* (107 cm, 125 cm para subir solo, 385 kg combinado) Un viaje en bote de 3 a 6 pasajeros que lo sumerge en la oscuridad antes de estallar en un embudo y una caída en gravedad cero.
• *Ohyah and Ohno Drop Slides:* (122 cm) Dos

toboganes, que bombean adrenalina y lo lanzan a 1-2 m por encima del agua al final. Tendrá que confirmar que puede nadar ya que la piscina del final tiene 3 metros de profundidad.
• *TeAwa The Fearless River:* (107 cm con salvavidas, 125 cm para subir solo sin salvavidas) Un río torrentoso, lleno de acción, donde deberá agarrarse fuerte en su flotador en medio de rugientes rápidos de aguas bravas.
• *Taniwha Tubes:* (107 cm, 125 cm para subir solo, 136 kg simple o 204 kg combinado) Cuatro toboganes únicos inspirados en la Isla de Pascua con balsas para pasajeros individuales o dobles.
• *Puka Uli Lagoon:* (Menores de 122 cm deben usar un chaleco salvavidas) Una piscina tranquila donde se puede nadar y relajarse.

Express Pass:
Los visitantes con acceso al *Express Pass* pueden acceder a los paseos sin reservar un horario, pero deben esperar en la fila corta una vez que entran a cada atracción. El *Express Pass* se vende por separado y se agota por adelantado - los *Express Pass* cuestan entre $20 y $60 por persona.

CityWalk

CityWalk se encuentra justo fuera de los parques temáticos, y a poca distancia de todos los hoteles del lugar. Hay tiendas, restaurantes, bares, cines y clubes.

CityWalk es el distrito de entretenimiento gratuito de Universal, abierto de 11:00 am a 2:00 am.

CityWalk se suele comparar con *Disney Springs*, pero este lugar es mucho más pequeño.

CityWalk también tiene un aire más adulto, sobre todo por la noche, cuando se centra en el ambiente de las discotecas. Las tiendas y los restaurantes también son mucho más limitados. Sin embargo, se las arregla para mantener una atmósfera divertida y amigable sin importar la hora del día.

El estacionamiento se cobra antes de las 6:00 pm en los garajes utilizados para los parques temáticos. Después de las 6:00 pm, el estacionamiento es gratuito.

Comer

CityWalk está repleto de experiencias gastronómicas únicas. Los precios de los platos principales mencionado abajo son para comidas de adultos.

Servicio Rápido:
• **Auntie Anne's Pretzel Rolls** – Sirve pretzels suaves. Un combo de pretzel y bebida cuesta entre $6 y $8.
• **Bread Box Handcrafted Sandwiches** – Sirve sándwiches y ensaladas. Los platos principales cuestan entre $9.50 y $13.
• **Burger King 'Whopper Bar'** – Sirve hamburguesas, wraps y sándwiches.
• **Cold Stone Creamery** – Sirve helado: $5 a $10.
• **Cinnabon** – Sirve rollos de canela y helado. Helados: $5-$9.50.
• **Fusion Bistro Sushi & Sake Bar** – Sirve sushi y sake, y bebidas.
• **Hot Dog Hall of Fame** – Sirve perros calientes. Los platos principales cuestan entre $7 y $18.
• **Menchie's Frozen Yogurt** – Sirve yogur helado a un precio de $0.59 por onza (28g).
• **Moe's Southwest Grill** – Sirve burritos, tacos, fajitas y otros platos del suroeste. Los platos principales cuestan entre $5 y $9.
• **Panda Express** – Sirve comida china.
• **Starbucks Coffee** – Sirve cafés, bebidas a base de hielo, sándwiches y pasteles. Las bebidas: entre $3 y $6.
• **Voodoo Donuts** – Sirve donas: entre $1.50 y $4.

Servicio de Mesa:
• **Antojitos Authentic Mexican Food** – Sirve comida de estilo mexicano. Los platos principales: $13-$31. Solo abre para la cena.
• **Bob Marley: A Tribute to Freedom** – Sirve comida de estilo jamaiquino. Platos principales: $12-$19.
• **Bigfire** – Sirve pasta, filetes, mariscos, pollo y más cocinados a fuego vivo. Los platos principales: $14-$39.
• **Bubba Gump Shrimp Co** – Sirve mariscos y otros platos. Platos principales: $12-$29.
• **The Cowfish Sushi Burger Bar** – Sirve hamburguesas y sushi. Platos principales: $10 a $28.
• **Hard Rock Cafe Orlando** – Sirve hamburguesas, filetes, costillas y más estilo estadounidense. Los platos principales cuestan entre $12 y $40. Sirve desayunos.
• **Jimmy Buffet's Margaritaville** – Alimentos inspirados en Florida y el Caribe. Platos principales: $15 to $30.
• **NBC Sports Grill & Brew** – Un bar deportivo con 100 pantallas de televisión. Sirve ensaladas y comida al estilo estadounidense. Platos principales: $15 to $30.
• **Red Oven Pizza Bakery** – Pizza y ensaladas de $11 a $16. La mejor pizza de Universal.
• **Pat O' Briens** – Un local musical que sirve platos al estilo de Nueva Orleans. Los platos principales: $12-$21.
• **The Toothsome Chocolate Emporium** – Una fábrica de chocolate steampunk con comidas de servicio de mesa y postres deliciosos. Platos principales: $11 a $30. Sirve batidos para llevar ($10-$14).
• **Vivo Italian Kitchen** – Sirve comida italiana. Los platos principales: $15-$28.

Cine

CityWalk presenta *Universal Cinemark* con 20 pantallas. Las entradas para adultos cuestan entre $10 y $12. Las entradas para niños cuestan entre $7 y $9. Las entradas para adultos cuestan entre $8 y $10. Cargos adicionales por películas en 3D de $4. Combine una entrada de cine estándar y una comida en restaurantes selectos de *CityWalk* por $28, incluyendo impuestos y propinas.

Mini Golf

Hollywood Drive-In Golf es un lugar de golf de aventura con dos campos diferentes - uno temático de ciencia ficción, el otro temático de películas de terror. Los sonidos, los efectos especiales, la iluminación y la temática lo sumergen en el mundo en el que se encuentra. Las entradas cuestan $17 por adulto y $15 por niño (de 3 a 9 años). Un campo de 18 hoyos toma de 35 a 45 minutos para completarse. Minigolf está abierto de 9:00 am a 2:00 am. Compre las entradas para el minigolf con al menos un día de antelación en hollywooddriveingolf.com y ahorre un 10%.

Blue Man Group

Los mundialmente famosos *Blue Men* crean música en vivo con instrumentos improvisados en una divertida e hilarante aventura musical.

El espectáculo dura 1 hora y 45 minutos sin intervalo. Hay entre 1 y 3 espectáculos por día, con espectáculos que empiezan entre 3-9:00 pm.

Los precios de las entradas varían según el día de la semana. Los precios no incluyen el impuesto y son válidos de domingo a jueves – agregue $10 por adulto y $5 por niño para los espectáculos de los viernes y sábados. Las entradas se pueden comprar en la boletería, llamando al 407-BLUEMAN o en línea en blueman.com.

Descuentos para los titulares de un pase anual, estudiantes con identificación y miembros del ejército. La compra por adelantado en línea ahorra $10 por boleto.

	Nivel 1	Nivel 2	Poncho	Premium
Adulto	$63.90	$79.88	$90.53	$106.50
Niño	$28.76	$35.95	$45.27	$55.92

Vida Nocturna

Bares y clubes nocturnos que incluyen *Red Coconut Club, Pat O' Briens, CityWalk's Rising Star, the groove* y *Fat Tuesday*. También encontrará música en *Hard Rock Live Orlando* y *Lone Palm Airport*.

Si desea salir de fiesta toda la noche, el *CityWalk Party Pass* de $12 le permite acceso ilimitado a varios lugares durante una noche.

Sin un *Party Pass*, el costo de cobertura para un solo club es de $7. *Hard Rock Café* no tiene un cargo de cobertura. Preséntese antes de las 9:00 pm para evitar la mayoría de los gastos de cobertura.

Los boletos para varios días y los *Flextickets* incluyen una *Party Pass*. Los poseedores de boletos para el *Blue Man Show* también tienen acceso gratuito al club *CityWalk*.

Tiendas

Si te gusta ir de compras, hay muchos lugares para visitar, incluyendo *Fossil, Fresh Produce, Quiet Flight Surf Shop, P!Q, The Island Clothing Store,* y una gran *Universal Studios Store*. Por último, si tiene ganas de un poco de tinta, visite *Hart & Huntington Tattoo Company*.

Servicios del Parque

Universal Orlando ofrece una variedad de servicios diseñados para facilitarle el día, desde servicios de fotografía hasta Express Passes y filas de espera Single Rider hasta entrega de paquetes.

Requisitos de Altura de las Atracciones

Muchas de las atracciones de Universal Orlando tienen requisitos de altura para la seguridad de los visitantes. Enumeramos todos las atracciones con límites de altura en orden ascendente.

Sin altura mínima:
• *Shrek 4-D* - Sin niños de la mano
• *Storm Force Accelatron* - Un adulto debe acompañar a los menores de 48" (1.22m)
• *One Fish, Two Fish, Red Fish, Blue Fish* – Niños de menos de 48" (1.22m) deben subir con un adulto
• *Despicable Me: Minion Mayhem* en asientos fijos

34" (0.87m)
• *E.T. Adventure*

36" (0.92m)
• *Pteranodon Flyers* – Visitantes mayores a 56" deben ser acompañados por alguien menor a 36".
• *Woody Woodpecker's Nuthouse Coaster*
• *Flight of the Hippogriff*
• *The Cat in the Hat* – 36" para subir con un adulto, o 48" solo
• *Skull Island: Reign of Kong*

40" (1.02m)
• *The Amazing Adventures of Spider-Man*
• *Despicable Me: Minion Mayhem* para subir solo
• *TRANSFORMERS: The Ride-3D*
• *The Simpsons Ride*
• *Race Through New York starring Jimmy Fallon*
• *The High in the Sky Seuss Trolley Train Ride* – 40" para subir con un adulto, o 48" solo
• *Fast and Furious: Supercharged*

42" (1.07m)
• *MEN IN BLACK: Alien Attack*
• *Popeye & Bluto's Bilge-Rat Barges*
• *Jurassic Park River Adventure*
• *Harry Potter and the Escape from Gringotts*

44" (1.12m)
• *Dudley Do-Right Ripsaw Falls*

48" (1.22m)
• *Revenge of the Mummy*
• *Harry Potter and the Forbidden Journey*
• *Hagrid's Magical Creatures Motorbike Adventure*

51" (1.29m)
• *Hollywood Rip Ride Rockit* – Máximo de 79" (2.00m)

52" (1.32m)
• *Doctor Doom's Fearfall*

54" (1.37m)
• *The Incredible Hulk Coaster*

La aplicación Universal Orlando

La *Official Universal Orlando Resort App*, disponible de forma gratuita, le permite: acceder a los tiempos de espera de todas las atracciones cuando se encuentran dentro de los parques, obtener indicaciones para llegar a las atracciones con representaciones visuales paso a paso, ver horarios de espectáculos y eventos especiales, obtener alertas personalizadas de tiempo de espera, ver mapas de parques y resorts, encontrar servicios para los huéspedes, ver horarios de los parques, establecer alertas de horarios de espectáculos, compartir en los medios sociales y localizar productos alimenticios. Incluso puede comprar boletos del parque y *Express Passes* directamente en esta aplicación.

Casilleros de Atracciones

Muchos de las atracciones de Universal no permiten llevar sus pertenencias en ellas; los artículos sueltos deben ser colocados en los casilleros gratuitos de las atracciones.

Cómo usar los casilleros:
• Diríjase a una estación de casilleros. Estos se encuentran en todas las atracciones que requieren su uso;
• Seleccione 'Rent a locker' en la pantalla táctil;
• Escanee su boleto del parque para que se le asigne un casillero. Mantenga este boleto con usted para abrir el casillero más tarde.
• Diríjase a un casillero, coloque sus pertenencias dentro y presione el botón verde junto al casillero para cerrar la puerta.

Algunas atracciones usan un viejo sistema de casilleros, donde se usa la huella digital en vez de escanear un boleto.

Los casilleros pequeños son gratuitos (35.5 cm ancho x 14 cm alto x 43 cm profundidad); en ellos caben carteras, billeteras, teléfonos celulares, varitas de Potter, y contenedores de bebidas en su lado. En los casilleros más grandes que caben en una mochila o en una bebida en posición vertical cuestan $2.

Los casilleros pequeños son gratuitos por lo menos durante el tiempo de espera de la atracción. Por ejemplo, una espera de 90 minutos para *The Hulk* típicamente le permitiría 120-150 minutos de tiempo de alquiler de casilleros. Si guarda sus pertenencias en los casilleros después del período gratuito, cuesta $3 por cada 30 minutos extra, hasta $20.

Los casilleros de las atracciones acuáticas no son gratuitos - cuestan $4 por el tiempo de espera más un margen, y $3 por cada 30 minutos extra, hasta $20.

Consejo principal 1: Si el tiempo de su casillero gratuito expira porque la espera fue más larga que la publicada, hable con un empleado

Consejo principal 2: Usa el casillero de otra atracción en vez de pagar por uno de un paseo acuático.

Casilleros para todo el día: Estos se encuentran en la entrada de cada parque - cuestan $10 por día para un casillero estándar o $12 para un grande. Puede acceder a estos casilleros tantas veces como quiera a lo largo del día.

Conozca a los personajes

En Universal Orlando, hay muchos personajes para conocer, y por lo general tienen pocas o ninguna fila.

En la *Marvel Super Hero Island*, generalmente encontrará al Capitán América, al Dr. Doom, al Duende Verde, al Hombre Araña, a Storm y a Wolverine. Incluso realizan sus apariciones (y desapariciones) en fantásticos cuatriciclos la mayor parte del tiempo.

También podrá conocer a los personajes en *Seuss Landing*, ¡incluyendo a El Gato en el Sombrero, El Grinch, y Cosa 1 y 2!

En *Universal Studios Florida*, encontrará a los personajes de Los Simpson, incluyendo a Bart, Lisa, Homero, Marge, Krusty el payaso y Bob Patiño.

También encontrará a los Blues Brothers, los Men in Black, Shrek, Fiona y Burro, Barney, Bob Esponja, los Minions y Gru, y los personajes de Transformers fuera de sus atracciones.

Otros personajes también hacen apariciones como Scooby Doo y Shaggy, Lucy Ball, el Pájaro Loco, Betty Boop, y Marilyn Monroe.

Los horarios de los personajes figuran en el mapa del parque.

Entrega de Paquetes

El servicio de entrega de paquetes le permite comprar cualquier artículo en el parque y recogerlo más tarde y evitar cargarlo todo el día. Puede elegir que su compra sea enviada a:
• **La entrada al parque** – La tienda junto a los molinetes de salida de cada parque. Las compras hechas durante el día son enviadas aquí. Espere 4 horas para la entrega.
• **Su habitación del hotel** – En los hoteles del lugar, también puede hacer que le entreguen el paquete en su habitación (o en el punto de recogida de algunos hoteles). Llega al día siguiente entre las 9:00 am y las 4:00 pm. No se ofrece el día anterior a la salida o el mismo día de la salida.

Universal Express Pass

Universal Express Pass le permite entrar en una fila más corta con tiempos de espera mucho más reducidos. Los *Express Pass* son válidos en todas las atracciones de ambos parques, a excepción de *Ollivander's*, *Hagrid's Motorbike Adventure*, y *Pteranodon Flyers*.

En V*olcano Bay, Express Pass* le permite evitar la fila *Virtual Line* por cada atracción participante. Los *Hotel Unlimited Express Passes* no son válidos en *Volcano Bay*.

El *Express Pass* cuesta entre $40 y $190 por persona por día. El pase es gratis para los huéspedes que se alojen en el H*ard Rock Hotel, Portofino Bay Hotel* y *Royal Pacific Resort*. Cada persona necesita su propio *Express Pass*.

¿Cómo usarlo?
En una atracción, muestre su *Express Pass* al empleado. Ellos lo escanean, y usted entra en una fila separada de los visitantes regulares. Las esperas suelen ser de 15 minutos o menos.

Los 4 tipos de *Express Pass*:
• *Universal Express Pass*: Un recorrido por atracción.
• *Universal Express Unlimited*: Paseos ilimitados en todas las atracciones.
• Boleto de Parque a Parque + *Universal Express Unlimited*: Incluye un boleto de entrada al parque para ambos parques y *Universal Express Unlimited*.
• *On-site Hotel Universal Express Unlimited Pass*: Una ventaja para los huéspedes de los 3 hoteles más caros para todos los que se alojen en la habitación durante toda la estadía, incluyendo los días de entrada y salida. Paseos ilimitados en cada atracción.

Si usted obtiene un *Express Pass*, le recomendamos las versiones 'Ilimitadas'.

Hotel *Express Pass* Gratuito:
Los huéspedes que se alojen en el *Hard Rock Hotel*, el *Portofino Bay Hotel* o el *Royal Pacific Resort* reciben un *Express Pass* gratuito. Estos son resorts de lujo con fantásticas comodidades, ¡adelantarse en la fila es un bonus!

Ejemplo de ahorro: Una noche en el *Royal Pacific Resort* en la temporada de vacaciones para 2 adultos es de $494 incluido el *Hotel Unlimited Express Pass* para toda su estadía. La compra de los Express Pass por separado para estos días cuesta $190 por persona, por día. Por dos días, usted

gastaría $760 en *Express Pass*. Así que, alojarse en el *Royal Pacific Resort* le ahorra más de $250.

El precio mejora con más gente en la misma habitación.

¿Necesito un Express Pass?
Durante los períodos de máxima actividad, un *Express Pass* es muy útil. Ahorra horas de espera. Sin embargo, los *Express Pass* son muy caros. Con una planificación cuidadosa, y siguiendo nuestros planes de viaje, puede realizar la mayoría de los paseos sin un *Express Pass*, incluso en temporada alta.

Si realiza una visita fuera de las horas pico, un *Express Pass* no es tan útil. Si no puede costearlo, evite los *Express Pass* y siga nuestros planes de viaje – deberá esperar, pero también ahorrará cientos de dólares.

Intercambio de niños

A veces, dos adultos quieren subir a una atracción pero tienen un niño que no es lo suficientemente alto. La opción de Universal Orlando permite tomar turnos para subir a la atracción, pero sólo hacer cola una vez – se llama 'Intercambio de niños'.

Simplemente solicite a un empleado en la entrada de una atracción que use el Intercambio de Niños. Generalmente, uno o más adultos (Grupo 1) hacen la fila estándar mientras que otro adulto (Grupo 2) es dirigido a la sala de espera de intercambio de niños.

Una vez que el Grupo 1 se ha subido a la atracción, van a la zona de intercambio de niños. Aquí el Grupo 1 se queda con el niño, y el Grupo 2 sube sin tener que esperar en la fila.

Este procedimiento varía entre las atracciones y puede ser combinado con el *Express Pass* – pregunte a los miembros del equipo sobre el procedimiento específico.

My Universal Photos

My Universal Photos es un sistema de recopilación de fotos que le permite tener todas sus fotos en un solo lugar.

Puede obtener una tarjeta de *My Universal Photos* de cualquier fotógrafo del parque. Cada vez que tome una foto, entréguele al fotógrafo esta tarjeta, la escaneará y sus fotos quedarán vinculadas.

Antes de terminar el día, visite una de las tiendas de *My Universal Photos* donde podrá elegir las mejores fotos y hacer que las impriman.

Necesitará una nueva tarjeta de *My Universal Photos* para cada día de sus vacaciones, a menos que compre un paquete de fotos. Todas las fotos del parque se eliminan al final del día.

Paquete de Fotos de My Universal Photo:

Pague por adelantado todas sus fotos en el parque. Al comprar el Paquete de Fotos, obtiene dos tarjetas de *My Universal Photos*. Escanee cualquiera de ellas cada vez que se tome una foto en el parque. Estas fotos se suben al sitio web de *My Universal Photos*, donde podrá descargarlas más tarde.

!El paquete incluye fotos de paseo, fotos de personajes y fotos del parque!

Para obtener un paquete de fotos, visite las tiendas de *My Universal Photos* cerca de las entradas del parque. Como alternativa, después de montar una atracción con una foto de la atracción, visite el mostrador de fotos de la atracción.

Precio del Paquete de Fotos:
• Un día – $69.99 – solo por venta en línea
• Tres días consecutivos – $89.99 en línea y $99.99 en

el parque
• Catorce días consecutivos – $139.99 - solo por venta en línea
• Paquete de fotos *Shutterbuttons* – $139.99 en línea
• Paquete de fotos de 1 día en *Volcano Bay* – $39.99 en línea, y $49.99 en el parque

Para la mayoría de los visitantes, el paquete de 3 días es el mejor valor.

Consejo principal: Para comprar paquetes de fotos antes de irse, visite presale.amazingpictures.com/UniversalFlorida.aspx.

Single Rider

Utilice la fila *Single Rider* en lugar de la fila de espera normal para ahorrar tiempo. Esta es una cola totalmente separada que se utiliza para llenar los espacios libres en los vehículos de paseo con visitantes que suben solos.

Por ejemplo, si un carro de una atracción puede albergar a 8 personas y aparece un grupo de 4, seguido de un grupo de 3, entonces un *Single Rider* llenará el espacio libre en la atracción. Esto hace que los tiempos de espera sean más

cortos para todos, ya que cada espacio se llena.

Las filas de *Single Rider* pueden cerrarse si se llenan, si el parque está demasiado vacío o si la espera es más larga que la de la fila normal.

Algunas atracciones cuentan con filas *Single Rider* que no se anuncian. Pregunte en las entradas de las atracciones si la fila *Single Rider* se encuentra abierta. Si lo está, se le indicará. Un ejemplo de esto es la fila *Single Rider*

de *Harry Potter and the Forbidden Journey*, que es fácil de pasar por alto.

Si usted está viajando en grupo, puede usar *Single Rider* – usted subirá por separado de los demás en su grupo, pero todavía puede reunirse después de subir.

Las líneas *Single Rider* se encuentran disponibles en muchas de las principales atracciones.

Consejos para ahorrar dinero

Lleve comida y equipo para la lluvia
Lleve su propia comida a los parques. Ya sea una barra de chocolate o una bebida, puede conseguir estos artículos a una fracción del precio de afuera. Además, traiga protección contra la lluvia de su casa para evitar los precios exagerados de los parques.

Compre los boletos con anticipación
No compre los boletos en la puerta, perderá tiempo y pagará más. Ahorre al menos $20 por cada boleto de varios días comprándolos con anticipación.

No NECESITA Express Pass
Siguiendo nuestros Planes de Recorrido, podrá ver la mayoría de ambos parques en dos días. Si desea hacer todo en un día, es necesario tener *Express Pass*.

Si desea obtener *Express Pass*, aléjese en el lugar
Los hoteles en el lugar son más caros que los que están fuera del lugar, pero al alojarse en hoteles selectos en el lugar se obtienen *Express Pass* para todos los que se alojen en la habitación durante la duración de la estancia, incluidos los días de entrada y salida.

Los *Express Pass* se incluyen en las habitaciones del *Hard Rock Hotel*, *Royal Pacific Resort* y *Portofino Bay Resort*.

Alójese fuera del establecimiento
Si tiene un presupuesto, entonces alójese fuera de del establecimiento. Hay muchos hoteles cerca de Universal Orlando, a pocos pasos o en auto. Estas habitaciones pueden costar una fracción del precio de los hoteles del complejo. Además, muchos no poseen una tarifa de estacionamiento.

Tarjetas de fidelidad
Los miembros de *AAA*, los titulares de tarjetas American Express y los miembros de *AA* (con sede en el Reino Unido) reciben descuentos en todo el complejo. El descuento de *AAA/AA* es normalmente del 10% en los restaurantes.

Casilleros gratis
Universal cobra por los casilleros en los paseos acuáticos, pero no en ningún otro paseo. Simplemente, camine a un paseo no acuático y use esos casilleros, pero prepárese para caminar mucho para ahorrar unos pocos dólares.

Entrada Temprana al parque

Durante la mayor parte del año, el Universal Orlando Resort ofrece una hora de Entrada Temprana a uno de los dos parques temáticos, además de *Volcano Bay*. Este beneficio se encuentra disponible para los huéspedes del hotel y los visitantes que han reservado un Paquete Vacacional de Universal.

En *Islands of Adventure* podrá acceder a *The Wizarding World of Harry Potter: Hogsmeade* y a todas las atracciones (con excepción de *Hogwarts Express*) y *Caro-Seuss-el*.

En *Universal Studios Florida*, puede acceder a *The Wizarding World of Harry Potter: Diagon Alley* y sus atracciones, menos el *Hogwarts Express*. *Despicable Me: Minion Mayhem* también se encuentra disponible.

Durante los períodos de mayor actividad, ambos parques pueden abrir temprano. *Volcano Bay* se encuentra abierto para la admisión temprana además del parque o parques temáticos - siete de los toboganes superiores se encuentran abiertos.

¿Cómo obtener Entrada temprana al parque?
Los huéspedes de los hoteles de Universal deben mostrar la llave de su habitación para poder entrar antes a los parques.

Los visitantes con un

Paquete Vacacional de Universal que se alojan fuera del complejo acuden a las casetas *Will Call* que se encuentran junto a las entradas de los parques e introducen un número de confirmación que se les da al reservar para canjear las entradas con Entrada Temprana al parque.

La Entrada Temprana es una hora antes de la apertura regular del parque.

Eventos de Temporada

Universal Orlando ofrece algo diferente durante todo el año. Ya sea entretenimiento en vivo, laberintos de terror, o animaciones navideñas, el equipo lo tiene todo cubierto.

Rock the Universe
24 y 25 de enero, 2020

Este es un fin de semana entero dedicado a la fe y la adoración cristiana. Además del escenario principal con actos de rock cristiano, la *FanZone* tiene sesiones de autógrafos de bandas, karaoke y más. El sábado, los invitados disfrutan de la ceremonia de encendido de velas. También se celebra un servicio de adoración el domingo. La mayoría de los paseos son operativos.

Los boletos para el 2020 cuestan $72 por una noche o $112 por ambas noches.

Running Universal
1 y 2 de febrero, 2020

Este es el primer evento de *Running Universal*. Aquí, se corre alrededor de los parques por una distancia de 5 km o 10 km. El costo es de $72 para los 5km y $111 para los 10km, o puede combinar los boletos de los parques con los de las carreras. La edad mínima para los corredores es de 5 años.

Mardi Gras
1 de febrero a 2 de abril, 2020
Celebre Nueva Orleans con *Universal's Mardi Gras*.

El desfile del *Mardi Gras* presenta carrozas coloridas y una música increíble. Disfrute del lanzamiento de las cuentas de las carrozas. El escenario del *Music Plaza* ofrece espectáculos en vivo.

Además hay bandas de Nueva Orleans en el patio del *French Quarter Courtyard* y puestos de comida local.

Halloween Horror Nights
[Cancelado para 2020 debido a covid-19]

Halloween Horror Nights (*HHN*) es un evento nocturno con casas embrujadas, espectáculos y zonas de miedo donde los "actores de miedo" deambulan alrededor de invitados asustados. La temática es insuperable. Algunas atracciones están abiertas durante *HHN*.

El evento "no se recomienda para los menores de 13 años". No se permiten disfraces o máscaras y no hay dulce o truco aquí.

HHN es muy popular, y *Universal Studios Florida* se vuelve extremadamente concurrido. En 2019, un solo boleto de *HHN* costaba entre $68 y $94. Existen muchas opciones, incluyendo añadir *HHN* a un boleto de día, y boletos de varias noches desde $110. Express Pass de *HHN* cuesta $90-$160.

La Navidad y las festividades
Mediados de noviembre a principios de enero

La temporada de vacaciones en Universal Orlando está llena de diversión y magia. Los parques no celebran eventos para *Thanksgiving* aparte de las comidas.

Para Navidad, *Universal's Holiday Parade* atraviesa las calles con carrozas del desfile

de Nueva York diariamente. *Mannheim Steamroller*, la banda navideña de mayor venta de todos los tiempos, sacude el escenario.

En *Islands of Adventure, Grinchmas Who-liday Spectacular* es protagonizada por el Grinch que cuenta cómo robó la Navidad. También puede conocer a los personajes de Dr. Seuss.

Hogsmeade y Diagon Alley tienen una decoración festiva y entretenimiento. Además, las proyecciones envuelven el castillo de *Hogwarts* con el espíritu festivo.

La víspera de Año Nuevo
31 de diciembre
CityWalk presenta espectáculos en vivo y un brindis con vino espumante a medianoche. La fiesta de fin de año incluye la entrada a clubes, zonas de fiesta, una exhibición de fuegos artificiales, comida, un brindis con vino espumante y más. Las entradas cuestan $120. Sólo para mayores de 21 años. Además, los parques temáticos están abiertos hasta tarde para la víspera de Año Nuevo.

Comida

Cuando visite Universal Orlando, encontrará una abundancia de opciones de comida.

Universal Dining Plan - Servicio Rápido

El *Universal Dining Plan - Servicio Rápido* se encuentra a disposición de todos los visitantes y puede adquirirse en cualquier lugar del Servicio Rápido del parque, en UniversalOrlando.com o en terminales de reservación de restaurantes. Es aceptado en más de 100 lugares en todo el resort.

Precio
El costo de este *Dining Plan* es de $25.55 para adultos y $17.03 por niño. Los precios incluyen impuestos.

¿Qué incluye?
Cada día comprado en el *UDP - Servicio Rápido* le da acceso a:
- 1 comida Servicio Rápido
- 1 Refrigerio
- 1 Bebida sin alcohol

Recibirá un vale cuando reserve su plan de comidas que se cambia por una tarjeta de plan de comidas en el parque o *CityWalk*.

El *UDP - Servicio Rápido* puede ser canjeado en la mayoría de los restaurantes de los parques y algunos en *CityWalk*.

¿Vale la pena el precio?
En nuestra opinión, el *UDP - Servicio Rápido* no es una gran compra si se busca una buena relación calidad-precio. Debe esforzarse por sacar provecho de este plan de comidas eligiendo siempre los platos más caros del menú.

Además, sólo hay una comida real incluida – el resto, son bebidas y snacks. Esto probablemente no será suficiente para la mayoría de la gente.

Sin embargo, si desea pagar por adelantado sus comidas para ayudar a manejar su presupuesto, puede disfrutar de esta opción.

Consejo principal: Añada un vaso de *Coca-Cola Freestyle* a este plan por $6 adicionales por día para recargas ilimitadas de gaseosas. Más sobre estos vasos en la siguiente página.

Universal Dining Plan

El *Universal Dining Plan (UDP)* sólo se encuentra disponible para los visitantes que hayan reservado un paquete vacacional – esto incluye tanto hoteles en el complejo como fuera del lugar. El *UDP* no puede ser comprado en los parques temáticos. El costo del plan es de $63.89 para adultos y $24.48 para niños (de 3 a 9 años).

Cada día del *UDP* le permite:
- 1 Comida de Servicio de Mesa
- 1 comida Servicio Rápido
- 1 refrigerio
- 1 bebida

Se pueden comprar todos los días los créditos que se necesiten, así que es posible comprar 3 días de comida durante una estadía de 8 días. Los créditos se encuentran disponibles para toda su estadía.

Los fans de los personajes también pueden usar un crédito de servicio de mesa para el *Superstar Character Breakfast en el Cafe La Bamba* - por valor de $35.

El *UDP* puede ser canjeado en la mayoría de los lugares de los parques y en algunos lugares de *CityWalk*, pero no en los restaurantes de los hoteles.

Los visitantes que adquieren el *UDP* reciben un bono al reservar sus vacaciones para intercambiar en los parques o *CityWalk*.

¿Vale la pena?
Si le gusta tener todas sus comidas pagadas por adelantado, y disfrutar de las comidas de servicio de mesa, entonces este es el plan perfecto para usted.

Este plan generalmente ofrece mejor valor que el *UDP - Servicio Rápido*, especialmente si come los productos más caros del menú, lo que significa que puede ahorrar dinero aquí.

Nota: Las propinas no están incluidas en el precio de los Planes de Comida.

Universal Orlando | Comida

Bebidas y palomitas de maíz recargables

Palomitas de maíz:
Los cubos rellenables para palomitas de maíz son un gran aperitivo para los grandes comensales. Usted paga $ 9 para el cubo de palomitas de maíz y luego puede obtener tantas recargas como desee por $2 cada uno.

Hay cuatro lugares en cada parque donde se puede recargar el cubo. No hay recargas en *CityWalk*, o en los hoteles.

Las palomitas de maíz sólo están disponibles para las palomitas normales; las palomitas con sabor no tienen descuento.

Coca Cola Freestyle:
Coca Cola Freestyle (CCF) es un sistema de bebidas recargables. Usted paga $17 por una copa de *CCF*. Luego, visita cualquiera de los 18 locales de *CCF* y recarga su taza gratis todas las veces que desee ese día. Se pueden agregar días adicionales por $10 por día. Debe esperar 10 minutos entre cada recarga para evitar compartirla.

Las estaciones de *CCF* en *CityWalk* y los hoteles no están incluidas.

Tazas de recuerdos recargables:
Universal vende muchas tazas de recuerdos en forma de personajes (*Minions, Simpson*) o temáticos (Copa *Butterbeer*). Estas tazas cuestan alrededor de $17 cada una y son un bonito recuerdo.

Además, puede visitar la mayoría de los lugares de servicio rápido y de refrigerios en los parques y obtener recambios de refrescos, granizados y cualquier bebida no especial por $1.50. Estos vasos son válidos indefinidamente, por lo que puede rellenarlos varias veces durante su estadía e incluso en futuras visitas, tal vez.

Para los huéspedes de visitas de varios días que no beben muchas gaseosas, estos vasos son más económicos que los *CCF*.

Los 5 Mejores Restaurantes

1. Mythos (Islands of Adventure) – Este lugar es una pura delicia para comer, con su lujoso interior, un menú exótico y precios bastante justos. Este restaurante lo transportará a un mundo diferente. Los platos principales cuestan entre $14 y $36. La comida incluye desde sándwiches hasta costilla en tira.

2. NBC Sports Grill & Brew (CityWalk) – Muchos ignoran este restaurante al pasar, tal vez lo descartan como de mal gusto por su tema deportivo. No sea uno de ellos; ¡*NBC Sports Grill* ofrece una gran variedad de comida y porciones grandes!

Ofrece una amplia selección de alimentos, desde alitas a panes planos, nachos, calamares, ensaladas, hamburguesas, pasta, bistec y más. Los platos principales cuestan entre $15 y $30.

3. Toothsome Chocolate Emporium (CityWalk) – *Toothsome* es una excelente opción sin importar lo que le apetezca comer. Además, ¡tiene increíbles batidos!

Los platos principales cuestan entre $11 y $30. La comida va desde ensaladas a hamburguesas, pasta, salmón y pastel de carne. Incluso hay un menú de brunch con crepes, waffles, quiche y tostadas francesas. Los platos del brunch cuestan entre $9 y $14.

4. Three Broomsticks (Islands of Adventure) – Todo en este restaurante lo coloca en el primer lugar: la atmósfera, la comida y la elección.

El almuerzo y la cena giran en torno a platos británicos con algunos clásicos americanos. Encontrará empanadas de Cornualles, *fish and chips*, pastel de pastor, así como pavo ahumado, pollo asado y costillas. Los platos principales cuestan entre $10 y $17.

5. Croissant Moon Bakery (Islands of Adventure) – La comida aquí está muy lejos de la tarifa normal de un parque temático. Esto es una panadería y no un lugar para ir a comer o cenar, pero donde puede ir a desayunar o a comer un refrigerio.

Sirve desayunos continentales, sándwiches, paninis y grandes pasteles. ¡Si le gusta el café, este es un lugar para visitar también! Los platos principales cuestan entre $3 y $14.

Planes de Recorrido

Para aprovechar al máximo su tiempo en los parques, le recomendamos que siga uno de nuestros planes de recorrido; están diseñados para que vea y haga todo lo posible.

Recorrer con Express Pass:
Estos planes de recorrido suponen que usted no posee un *Express Pass*. Si lo tiene, explore el parque en el orden que quiera. *Hagrid's Magical Creatures Motorbike Adventure* no tiene acceso a un *Express Pass*, así que realice esto primero.

Sin Express Pass:
Los tiempos de espera pueden ser largos en ambos parques, pero usted puede subir a todas las atracciones en un parque en un día con un poco de planificación. Le recomendamos que pase al menos un día en cada parque y que utilice un tercer o cuarto día para repetir sus atracciones favoritas, así como las que se haya perdido.

La clave es llegar al parque antes de que abra; eso significa estar en los aparcamientos al menos unos 60 minutos antes de la apertura del parque si va en automóvil.

Si desea comprar las entradas el mismo día, llegue al parque 45 minutos antes de la apertura. Si ya tiene entradas, llegue a las puertas del parque al menos 30 minutos antes. El parque abre regularmente hasta 30 minutos antes de la hora oficial de apertura.

Como usar nuestros Planes de Recorrido:
Siga los pasos en orden. Si hay una atracción que no desea disfrutar, sáltese ese paso y siga con el siguiente, no cambie el orden de los pasos.

Plan de recorrido para Islands of Adventure

Si posee Entrada Temprana, explore el *Wizarding World*, luego siga el siguiente plan.

Mañana:
• Debe estar en los molinetes 30 minutos antes de la hora oficial de apertura del parque.
• Suba a *The Amazing Adventures of Spider-Man*.
• Suba a *The Incredible Hulk Coaster*.
• Suba a *Dr. Doom's Fearfall*.
• Escoja entre paseos para niños o paseos acuáticos para el resto de la mañana.

Atracciones para niños:
• Suba a *The Cat in the Hat*.
• Suba a *One Fish, Two Fish, Red Fish, Blue Fish*.
• Suba a *The High in the Sky Seuss Trolley Train Ride*.
• Suba a *Caro-seuss-el*.

Atracciones acuáticas:
• Suba a *Dudley's Do-Right's Ripsaw Falls*.
• Suba a *Popeye & Bluto's Bilge-Rat Barges*.
• Suba a *Jurassic Park River Adventure*.

Tarde:
• Tenga un almuerzo Servicio Rápido.
• Si cumple con los requisitos de viaje limitados, suba a *Pteranodon Flyers*. Esta será una de las esperas más largas del día.
• Suba a *Poseidon's Fury*.
• Suba a *Skull Island: Reign of Kong*.
• Si faltan al menos 4 horas para el cierre del parque, siga los siguientes pasos. Si quedan menos de 4 horas, vaya a *The Wizarding World*.
• Mire *Oh, the Stories You'll Hear*.
• Explore *Camp Jurassic*.
• Suba a *Storm Force Accelatron*.

Noche:
• Diríjase a *WWOHP*. Suba a *Hagrid's Magical Creatures Motorbike Adventure*.
• Cene en *Three Broomsticks*.
• Experimente *Ollivanders Wand Shop*. Si también va a visitar *Universal Studios Florida*, omita esto.
• Suba a *Flight of the Hippogriff*.
• Suba a *Harry Potter and the Forbidden Journey*.

Importante: Las colas se cierran al cerrar el parque. Sin embargo, si los tiempos de espera son muy largos (más de 1 hora), las colas pueden cerrar temprano. Pregunte a los empleados si esperan cerrar temprano, especialmente en *Hagrid's*.

Plan de recorrido para Universal Studios Florida

Si posee Entrada temprana, debe subir a *Despicable Me* primero, luego explore el *Wizarding World*, luego siga este plan.

Mañana:
- Llegue a los molinetes al menos 30 minutos antes de la hora oficial de apertura del parque.
- Suba a *Despicable Me: Minion Mayhem*. Si la espera es de más de 30 minutos, omita este viaje.
- Suba a *Hollywood Rip Ride Rockit*. Considere la posibilidad de usar la fila de espera de *Single Rider*.
- Suba a TRANSFORMERS: The Ride. Considere la posibilidad de usar la fila de espera *Single Rider*.
- Suba a *Revenge of the Mummy*. Hay una fila *Single Rider* disponible. Recomendamos la fila estándar para acceder a la atracción.
- Suba a *The Simpsons Ride*.
- Suba a *Men in Black: Alien Attack*. Hay una fila *Single Rider* disponible; se mueve rápido.

Tarde:
- Tenga un almuerzo Servicio Rápido para maximizar su tiempo.
- Vea *Universal's Superstar Parade*. Puede conseguir un buen lugar minutos antes de que empiece.
- Suba a *E.T. Adventure*. Las esperas suelen ser de menos de 30 minutos.
- Vea *Universal's Horror Make-Up Show*. Este es nuestro programa favorito en vivo. Llegue unos 20 minutos antes.
- Disfrute de la experiencia de *Race Through New York Starring Jimmy Fallon*.
- Vea *Shrek 4D*.

Noche:
- Experience *Fast and Furious: Supercharged*. Alternativamente, vea *The Bourne: Stuntacular* - haga ambas cosas, si son de su interés.
- Diríjase a *The Wizarding World of Harry Potter: Diagon Alley* al menos 3 horas antes del cierre del parque. Las multitudes son más leves al final del día. Suba a *Harry Potter and the Escape from Gringotts*, y luego realice un viaje de regreso en el *Hogwarts Express*. Si tiene tiempo, disfrute de la experiencia de *Ollivanders*.
- Vea el espectáculo nocturno en la laguna del parque para terminar su día.

Lo mejor de los dos parques en 1 dia

No se pueden ver todas las atracciones de ambos parques en un día, así que sólo incluimos los puntos más destacados en este plan de ritmo rápido. Necesitará un Boleto de Parque a Parque.

Nota: Si tiene un Entrada Temprana, suba a *Despicable Me*, luego a *Escape from Gringotts* primero y luego retome desde el Paso 1. Si desea viajar en el *Hogwarts Express*, puede hacerlo al final del día.

Mañana:
- Llegue a los molinetes al menos 30 minutos antes de la hora oficial de apertura del parque.
- Suba a *Hollywood Rip Ride Rockit*.
- Suba a TRANSFORMERS: The Ride. Use la fila *Single Rider*.
- Si no posee una Entrada Temprana al parque, diríjase a *WWOHP: Diagon Alley* y suba a *Escape from Gringotts*.
- Suba a *Revenge of the Mummy*.
- Tenga un almuerzo temprano – le recomendamos *Monsters' Cafe* si se queda en el parque.

Tarde:
- Diríjase a *Islands of Adventure*. Prepárense para las largas filas, ya que este es el punto más concurrido del día.
- Suba a *The Incredible Hulk Coaster*. Use la fila *Single Rider*.
- Suba a *The Amazing Adventures of Spider-Man*. Use la fila *Single Rider*.
- Si es antes de las 3:00 p.m., suba a una de las atracciones acuáticas.
- Explore *WWOHP: Hogsmeade*. Suba *Hagrid's Magical Creatures Motorbike Adventure*. Esta será probablemente la espera más larga del día. Use *Single Rider*.
- Suba a *Harry Potter and the Forbidden Journey*.

Si queda tiempo, cene o suba a *Skull Island: Reign of Kong*. Si prefiere más de Potter, en cambio, suba a *Hogwart's Express*.

Importante: Dejando una atracción importante hasta el final del día (*Forbidden Journey*) hay un riesgo de que no se pueda subir si se rompe.

Resumen de Walt Disney World

Walt Disney inauguró Disneyland en California en 1955 – el parque fue un gran éxito, pero como Disneyland se construyó en una zona residencial, otros hoteles y tiendas empezaron a rodear el parque con los visitantes viendo los carteles que se elevaban desde el interior del parque y la ilusión de un mundo imaginario se rompió fácilmente.

En la década de 1960, Walt Disney desarrolló su "Florida Project", una versión enormemente ampliada de Disneyland. Disney comenzó a comprar secretamente 122 kilómetros cuadrados del centro de Florida; este fue el comienzo de "Disney World".

Lamentablemente, en 1966, Walt Disney falleció y los planes casi se derrumban. A pesar de la pérdida de su fundador, la compañía construyó el sueño de Walt, y en 1971 se inauguró *Magic Kingdom Park*. Este parque estaba basado en Disneyland, pero a una escala mayor.

En 1982, *Epcot* se abrió - el segundo parque temático. Puede aprender sobre el futuro, y visitar pabellones que representan a los países del mundo.

En 1989, *Disney's Hollywood Studios* abrió como el tercer parque temático – aquí, los huéspedes pueden experimentar paseos y espectáculos inspirados en las películas.

Finalmente, en 1998 se inauguró el cuarto parque temático, el *Disney's Animal Kingdom*, donde los visitantes pueden aprender sobre los animales, aventurarse en un safari y realizar paseos salvajes.

Además de los parques temáticos, Walt Disney World cuenta con dos parques acuáticos, campos de golf y minigolf, 30 hoteles de complejos turísticos de Disney, zonas de equitación, spas, distritos de compras y entretenimiento y mucho más. Realmente es un mundo de Disney.

Puede pasar varias semanas en el Walt Disney World Resort; es inmenso en tamaño e inimaginable hasta que lo disfrute.

Llegar a Walt Disney World desde el aeropuerto de Orlando

En automóvil - La distancia total es de unas 35-40 km y toma 25-40 minutos.
Servicios de traslado - Estos pequeños autobuses compartidos generalmente cuestan $25 por persona en una sola dirección. Los viajes de ida y vuelta cuestan alrededor de $40. Los autobuses *Mears* operan en el aeropuerto.
Taxis - Estos resultan más baratos que los servicios de traslado para grupos grandes (hasta 9 personas) y se obtiene un vehículo privado. Las tarifas de taxis son medidas y alrededor de $65 a $90 a Disney World. Un Uber/Lyft cuesta alrededor de $35-$40.
Disney Magical Express - Este es un servicio gratuito de el aeropuerto a los hoteles de Disney exclusivamente para los huéspedes de los hoteles de Disney. En el viaje de regreso, los huéspedes pueden incluso registrarse para su vuelo en su hotel (sólo en algunas aerolíneas).
Minnie Van - Este es un traslado privado operado por Disney a un precio de $155 para un máximo de 6 personas.

Llegar a Walt Disney World desde el aeropuerto de Sanford

En automóvil - La distancia total es de 70 km, y toma de 45 a 50 minutos.
Taxis - Estos funcionan más barato que los traslados para grupos grandes (hasta 9 personas) y se obtiene un vehículo privado. Las tarifas de los taxis son medidas y alrededor de $130 a $170 a Disney World. Un Uber cuesta alrededor de $60-$80.

Tickets

Un boleto básico se llama **Ticket estándar**. Esto permite la entrada a un parque por día. No se puede cambiar de parque el mismo día. Un complemento **Park Hopper** le permite cambiar de parque temático tantas veces como desee en cualquier día. El complemento **Park Hopper Plus** le permite varias entradas a los parques acuáticos de Disney, *ESPN Wide World of Sports*, una ronda de minigolf o una ronda de golf en el campo familiar *Oak Trail*.

Tickets en línea

La página web oficial para comprar tickets de Walt Disney World es www.disneyworld.disney.com. Los precios en línea pueden verse a continuación. Muchos revendedores de entradas en línea ofrecen entradas a precios reducidos. UnderCoverTourist.com, por ejemplo, tiene hasta $65 de descuento en algunos boletos de Disney World. No podemos recomendar a ninguna empresa específicamente.

	Ticket Base (Adulto/Niño)	Ticket Base + Park Hopper (Adulto/Niño)	Ticket Base + Park Hopper Plus (Adulto/Niño)
1 Día	$116-$169/$111-$164	$185-$239/$180-$233	$207-$260/$201-$255
2 Días	$226-$330/$216-$319	$306-$410/$295-$399	$327-$431/$317-$421
3 Días	$336-$476/$321-$461	$416-$556/$401-$541	$437-$577/$422-$562
4 Días	$435-$597/$416-$578	$525-$687/$507-$669	$547-$709/$528-$690
5 Días	$464-$631/$443-$611	$554-$721/$534-$701	$575-$743/$555-$723
6 Días	$478-$646/$457-$625	$568-$736/$547-$716	$590-$758/$569-$737
7 Días	$492-$662/$470-$640	$583-$752/$561-$730	$604-$773/$582-$752
8 Días	$518-$679/$496-$656	$609-$769/$586-$747	$630-$791/$607-$768
9 Días	$536-$691/$513-$669	$627-$782/$693-$759	$648-$804/$625-$781
10 Días	$554-$704/$530-$680	$644-$794/$620-$770	$666-$815/$642-$792

Más opciones de Tickets

Para los tickets de al menos 3 días de duración, hay un descuento de unos $21 para los tickets en línea en comparación con los precios del parque - si usted planea comprar en las puertas del parque, añada $21 a los precios anteriores. También puede comprar tickets de parque en cualquier tienda *Disney Store* a los mismos precios que en el parque.

Los residentes de Florida obtienen descuentos con una identificación de el estado.

Los residentes europeos disponen de algunas opciones de boletos exclusivos como los *Disney's Ultimate Tickets*. Un boleto *Ultimate* de 7 días para el año 2020 cuesta £399 por adulto y £379 por niño. Un boleto de 14 días cuesta £419 y £399.

Los *Ultimate Tickets* le dan acceso ilimitado a los parques temáticos, complejos de entretenimiento, parques acuáticos y campos de minigolf, y también incluyen fotos con *Memory Maker*.

Si planea hacer varias visitas al Walt Disney World Resort dentro de un año, puede pagar para comprar un pase anual.

Hoteles

Tener un lugar para relajarse después de un largo día en los parques es esencial durante una visita a Walt Disney World. Afortunadamente, se ofrecen muchas opciones de alojamiento, incluyendo más de treinta hoteles y villas oficiales administrados por Disney. Estos ofrecen una amplia gama de presupuestos justo en el corazón de la magia.

Además de los hoteles de Disney, también hay hoteles asociados ubicados en la propiedad de Walt Disney World, pero que no son administrados por Disney mismo, y luego hay cientos de hoteles cercanos fuera de la propiedad. La Florida Central es un mercado muy competitivo, lo que significa que hay disponibles algunos hoteles de lujo de clase mundial, así como muchas opciones de rango y presupuesto medio.

Los hoteles de Disney se dividen en cuatro categorías:
- **Económico** - *All Star Resorts (Music, Movies y Sport), Art of Animation, Pop Century* y los sitios para acampar en Fort Wilderness Resort
- **Moderado** - *Caribbean Beach, Port Orleans (French Quarter and Riverside), Coronado Springs* y *The Cabins at Fort Wilderness Resort*
- **De lujo** - *Animal Kingdom Lodge, Beach Club, BoardWalk Inn, Contemporary Resort, Grand Floridian Resort & Spa, Polynesian Village Resort, Wilderness Lodge,* y *Yacht Club*.
- **Villa de lujo** - *Bay Lake Tower at Disney's Contemporary Resort, Boulder Ridge Villas at Wilderness Lodge, Animal Kingdom Villas (Jambo House y Kidani Village), Beach Club Villas, BoardWalk Villas, Old Key West Resort, Polynesian Villas & Bungalows, Saratoga Springs Resort & Spa, Disney's Riviera Resort,* y *The Villas at Disney's Grand Floridian Resort & Spa*.

En general, los hoteles más caros tienen una temática más elaborada, más servicios y más opciones de transporte. Recomendamos un hotel en el lugar para una estadía en Walt Disney World si puede justificar el costo. Descubra las ventajas adicionales de alojarse en el lugar a continuación.

Los precios de las habitaciones varían según la temporada. Los precios son por noche por una habitación estándar con dos adultos, e incluyen el impuesto del 12,5% (a menos que se indique lo contrario) y excluyen las ofertas especiales.

Características y servicios de Hotel Disney

- **MagicBands** con llave de tu habitación, tickets de parque, vales de comida, *PhotoPass* y mucho más en una pulsera portátil.
- **Lavandería** instalaciones de $3 por carga; las secadoras cuestan $3 por carga. Detergente: $1 por carga.
- **Servicios de niñera** en la habitación desde $18 por hora en todos los centros turísticos. El *Dolphin Resort* y el *Contemporary Resort* también ofrecen centros de actividades infantiles de pago y actividades.
- **Entretenimiento** en su hotel - todos los hoteles tienen una sala de juegos y organizan proyecciones nocturnas de películas de Disney al aire libre. Otras actividades en hoteles selectos incluyen baloncesto, alquiler de bicicletas y botes, paseos en carruaje, campos de golf, arquería, pesca, senderos para trotar, gimnasios, paseos en pony, canchas de tenis y de voleibol.
- **Salida tardía** (sujeto a disponibilidad) sin costo adicional.
- **Llamadas sin cargo** a las instalaciones de Walt Disney World.
- **Menores de 17 años sin cargo** cuándo se alojen en la misma habitación que los adultos. En habitaciones con más de dos adultos, los adultos adicionales pagan un recargo de $15 a $35 cada uno por noche.
- **Una tienda Disney** en cada resort que vende mercancía y artículos básicos como protector solar.
- **Ocupación** de las habitaciones en los hoteles de Disney **es generalmente de cuatro personas**.
- **Una recepción las 24 horas**.
- **El estacionamiento nocturno** cuesta $13 en los centros turísticos Económicos, $19 en los

Moderados y $24 en los De lujo, por noche.
- **Servicio a la habitación** en todas las habitaciones
- Al menos un **cajero automático** por resort.
- **Check in** es a las 3:00pm y el check out es a las 11:00am
- Todos los resorts de Disney son **no fumadores** con excepción de las áreas designadas.
- **Servicios de habitación** incluyen televisión por cable, cafetera, teléfono, mesa con dos sillas y caja fuerte en la habitación. En las habitaciones encontrará una plancha y una tabla de planchar, o bien en la recepción. La mayoría de las habitaciones estándar poseen dos camas dobles o una cama king-size.

Ventajas exclusivas de Disney Hotel

- **Transporte gratuito** por todo el resort, usando autobuses, monorraíles, botes y góndolas *Disney's Skyliner*.
- **Extra Magic Hours**, permitiendo una hora de entrada temprana en un parque temático por día, y permanecer hasta dos horas después del cierre del parque en otro parque.
- **Estacionamiento gratuito** en los parques temáticos y acuáticos con su *MagicBand*.
- Viaje de ida y vuelta gratuito en *Magical Express* en traslado desde y hacia el Aeropuerto de Orlando.
- **Wi-Fi gratuito** en la habitación y en la mayoría de las áreas públicas
- Al menos una **piscina**
- **Planes de Comidas Disney** disponible con reservas de paquetes – ahorro de hasta un 40% en las comidas.
- Un **pequeño refrigerador** en cada habitación.
- Un **programa de tazas** recargables (valor de $20) con recargas ilimitadas de bebidas en los hoteles para su estancia.
- **Check-in de la aerolínea desde el Hotel** – Realice el check-in para los vuelos desde su resort, incluyendo el check-in de equipaje y reciba una tarjeta de embarque. Disponible para los pasajeros que vuelan con *Alaska*, *American*, *Delta* (sólo en vuelos nacionales), *JetBlue*, *Southwest* y *United*.

All Star Resorts

Este resort Económico de 5,840 habitaciones son en realidad tres hoteles situados uno al lado del otro.

Los *All-Star Resorts* son los hoteles más baratos de Walt Disney World. Tenga en cuenta que no hay restaurantes con servicio de mesa en estos hoteles, sólo patios de comidas.

La temática en estos hoteles es básica con grandes estatuas que son divertidas pero que no lo transportarán a un lugar diferente de la manera en que lo hacen los resorts premium. Estos resorts ofrecen una estadía de gran valor para los huéspedes de bajo presupuesto o que pasan la mayor parte de su tiempo en los parques.

All-Star Movies - Cinco edificios con temática de cine, incluyendo uno temático para 101 dálmatas y otro para *Toy Story*. Las habitaciones tienen detalles temáticos de películas. Hay dos piscinas. Este es el más temático de los tres complejos de estrellas.

All-Star Sports - Este fue el primer complejo turístico de valor en Walt Disney World. Hay tres piscinas. Un *McDonald's* se encuentra a 5 minutos a pie.

All-Star Music – Además de las habitaciones estándar, hay suites familiares para hasta 6 personas con dos dormitorios y baños, dos televisores de 27", un sofá cama y un microondas.

Ubicación: Área del Animal Kingdom.
Temática: Películas, música y deportes.

Transporte: Autobuses – 10 a 15 minutos a *Animal Kingdom Park*, *Epcot* y *Disney's Hollywood Studios*, y 20 minutos para los parques acuáticos y *Magic Kingdom*.
Tamaño de la habitación y precios: $112-$245 por una habitación estándar (24 m²), $289-$547 en las suites familiares *All Star Music* (hasta 48 m²).
Actividades: Películas junto a la piscina y una sala de juegos en cada resort.

Pop Century Resort

Este resort Económico de 2880 habitaciones se encuentra un paso más adelante que los All Stars.

Pop Century Resort es más nuevo que All Stars y dado el ligero aumento en el precio creemos que esto vale los pocos dólares extra.

Además del patio de comidas Everything Pop en este resort, los huéspedes se encuentran a una corta distancia a pie del Disney's Art of Animation Resort y su variedad de opciones de comida.

Ubicación: Cerca de ESPN Wide World of Sports.
Temática: La cultura pop en la segunda mitad del siglo XX. Vea juegos de masa gigantes, personajes de Disney, bolos, teclados, cintas de 8 pistas y más.
Transporte: Skyliner hacia Hollywood Studios (15 minutos) y Epcot (20 minutos). Autobuses a todos los demás lugares.
Tamaño de la habitación y precios: $154 a $316 por una habitación estándar (24 m²).
Actividades: Tres piscinas, un patio de recreo, una sala de juegos y un patio de recreo pop jet.
Extras: Hay una tienda de 500 m².

Art of Animation

Este es el más reciente hotel Económico de Disney. Fue inaugurado en 2012.

La temática y la atmósfera en Art of Animation es muy superior a la de otros centros turísticos Económicos; el patio de comidas también es excelente.

Las habitaciones de este complejo son más caras que las del All Star y Pop Century, y la mayoría de las habitaciones son suites familiares. Las habitaciones estándar son muy populares - las suites son mucho más caras.

Ubicación: Cerca de ESPN Wide World of Sports, conectado con el resort Pop Century.
Temática: Dividido en cuatro secciones - La Sirenita, Buscando a Nemo, Cars y El Rey León.
Transporte: Skyliner hacia Hollywood Studios (15 minutos) y Epcot (20 minutos). Autobuses a todos los demás lugares.
Tamaño de la habitación y precios: Las habitaciones estándar son de $180 a $330 (24 m²); las suites de $428 a $771 (52 m²).

Actividades: Actividades junto a la piscina, altavoces submarinos en la piscina y una sala de juegos.
Extras: Las suites cuentan con cocinas con una mesa, un dormitorio principal y tres espacios para dormir.

Port Orleans

Port Orleans es un resort de nivel Moderado dividido en dos resorts más pequeños - Riverside (2048 habitaciones) y French Quarter (1000 habitaciones).

Port Orleans es nuestro resort Moderado favorito: tiene una temática inmersiva, y grandes comodidades. La pieza central de este complejo es el río Sasagoula River que fluye hacia el área de Disney Springs.

Ubicación: Zona de Disney Springs.
Transporte: Autobuses a todos los lugares, y también botes para Disney Springs.
Tamaño de la habitación y precios: $246 a $392 por una habitación estándar (29 m²).
Actividades en Riverside: Cinco piscinas, un spa y una piscina para niños. También hay un paseo en carruaje nocturno disponible. Actividades de pesca con caña de pescar por $6 por 30 minutos. También hay una excursión de pesca de 2 horas a un precio de $235 a $270 para 5 personas.
Actividades en French Quarter: Un tobogán de agua, una sala de juegos y un pequeño parque acuático junto a la piscina. La piscina posee calefacción y cuenta con un jacuzzi. Se pueden alquilar bicicletas.
Extras: Algunas habitaciones también disponen de una cama nido.

Coronado Springs Resort

Este complejo nivel Moderado de 1967 habitaciones es tematizado en el suroeste de los EE.UU. con influencias mexicanas.

Coronado Springs es un gran resort y el único de nivel moderado que incluye un gimnasio. La parte central del complejo es un lago, rodeado de playas con hamacas. La piscina aquí es nuestra piscina favorita de nivel moderado.

Ubicación: Área de *Animal Kingdom*.
Transporte: Autobuses a todos los lugares. *Hollywood Studios, Animal Kingdom* y *Epcot* se encuentran a 10 minutos, y *Blizzard Beach* a 5 minutos. El parque más lejano es *Magic Kingdom* (20 minutos).
Tamaño de la habitación y precios: $223 a $372 por una habitación estándar (29 m²).
Actividades: La piscina principal posee una pirámide maya y un tobogán de agua, con un área de juego temática de arqueología. Alquiler de bicicletas Surrey. Todos los miércoles, hay una fiesta donde los huéspedes pueden degustar delicias mexicanas y participar en actividades.
Extras: Hay un patio de comidas al aire libre con aire acondicionado de 400 asientos. Hay otros 3 restaurantes. Hay arcadas, bares y un centro de convenciones.

Caribbean Beach Resort

Este hotel de nivel moderado de 2112 habitaciones es tematizado al Caribe.

Creemos que este es uno de los centros turísticos más relajantes. En el centro del resort se encuentra un lago. Este resort es grande y puede estar a 15 minutos a pie o más desde el centro del resort con los comedores hasta su habitación. Esto puede ser molesto al final de un largo día.

Este es el único resort de nivel moderado que ofrece habitaciones para 5 personas.

Ubicación: Cerca de *Epcot*, *Disney's Hollywood Studios* y de *Disney Springs*.
Transporte: *Skyliner* hacia *Hollywood Studios* (5 minutos) y *Epcot* (15 minutos). Autobuses a todos los demás lugares.
Tamaño de la habitación y precios: $230 to $400 por una habitación estándar (32 m²). Habitaciones con temática de piratas cuestan $315 y $461.
Actividades: *Centertown* cuenta con restaurantes, tiendas, arcadas, piscinas y un tobogán de agua. Alquiler de bicicletas y barcos. Cuatro piscinas. Hamacas sin cargo.
Extras: Las habitaciones temáticas de piratas se encuentran disponibles con un recargo. Hay un crucero de aventura pirata para niños y niñas por $39-$49.

Yacht Club Resort

El *Yacht Club* es un resort de lujo de 630 habitaciones junto a la entrada World Showcase de Epcot.

El *Yacht Club* es uno de nuestros resorts favoritos en Walt Disney World. El hotel está justo al lado de *Epcot*, y a un paseo en barco de *Disney's Hollywood Studios*.

La piscina de 3,5 millones de litros es la mejor de *Walt Disney World* y se comparte con el *Beach Club Resort*.

Transporte: *Epcot* está a 5 minutos a pie, o puede tomar el bote desde el muelle en la parte de atrás del hotel. *Hollywood Studios* es un paseo en barco de 20 minutos, o una caminata similar. Puede llegar a *Magic Kingdom, Animal Kingdom*, los parques acuáticos y *Disney Springs* en autobús.
Tamaño de la habitación y precios: Las habitaciones estándar (35 m²) cuestan entre $487 y $846.
Actividades: Una piscina increíble con chorros de agua, un tobogán, un jacuzzi, alquiler de cabañas, además de una piscina tranquila. El mini-golf de *Fantasia Gardens* se encuentra cerca. Una cancha de voleibol, un gimnasio, senderos para correr y una sala de juegos.

Extras: Este hotel también tiene una tienda de ropa y una barbería. Visite *'Beaches and Cream'* e intente terminar el helado *"The Kitchen Sink"* ¡que incluye una lata entera de crema batida!

Beach Club Resort

Situado junto al Yacht Club, el Beach Club es un resort de 585 habitaciones junto a la entrada World Showcase de Epcot.

El *Beach Club* está asociado con el *Yacht Club* y es igualmente muy recomendable.

Este complejo se siente un poco menos ocupado que el *Yacht Club* de al lado, con menos visitas de personas que no son huéspedes.

Transporte: *Epcot* se encuentra a 5 minutos a pie, o puedes tomar el bote desde el muelle. *Hollywood Studios* se encuentra a 20 minutos en barco o a pie. Hay autobuses al *Magic Kingdom*, al *Animal Kingdom*, a los parques acuáticos y a *Disney Springs*.
Tamaño de la habitación y precios: Habitaciones estándar (35 m²) cuestan entre $487 y $846. Las villas de 1 habitación cuestan entre $738 y $1179, y las de 2 habitaciones entre $1108 y $2026.

Actividades: Piscina con chorros de agua, tobogán, jacuzzi, alquiler de cabañas y una piscina tranquila. El *Fantasia Gardens* mini-golf está cerca. Hay una cancha de voleibol, un gimnasio, una pista para correr, una sala de juegos y canchas de tenis. Hay una actividad de Piratas ($55).
Extras: Compre ropa y trajes de baño, comida y recuerdos. *Periwig's* realiza cortes de pelo. Hay máquinas de prensado de centavos y monedas y un cajero automático.

Boardwalk Inn Resort

El Boardwalk Inn, con 378 habitaciones, es un divertido complejo turístico con un tema único de encanto costero de los años 20 y 30. El complejo se encuentra a pocos pasos de Epcot.

El *Boardwalk Inn* es uno de los resorts más íntimos de Walt Disney World debido a su pequeño tamaño.

Ubicación: Entre *Epcot* y *Disney's Hollywood Studios*, frente a los complejos de *Yacht* and *Beach Club*.
Transporte: Está a 5 minutos a pie de *Epcot*, aunque también hay un servicio de botes. *Disney's Hollywood Studios* se encuentra a 20 minutos a pie, o un barco tarda lo mismo. El transporte en autobús se encuentra disponible para el resto de Walt Disney World.
Tamaño de la habitación y precios: $533 a $890 por una habitación estándar (36 m²). Las villas de una habitación en Boardwalk cuestan entre $738 y $1179, mientras que las villas de dos habitaciones cuestan entre $1108 y $2026.
Actividades: Hay una piscina principal con tubos de

natación, así como otras dos piscinas, un club saludable y un spa privado. Alquiler de bicicletas ($7 por hora). Cerca del mini-golf de *Fantasia Gardens*.

Wilderness Lodge Resort

Este hotel de lujo de 728 habitaciones se encuentra a un corto viaje en barco del Magic Kingdom. Lo sumerge en un Parque Nacional de principios de siglo.

Wilderness Lodge es uno de nuestros resorts favoritos, ya que se siente como en casa desde el momento en que entra. Se encuentra a sólo unos minutos del *Magic Kingdom*, pero se siente a un mundo de distancia de los parques temáticos.

Transporte: Autobuses a todos los lugares, y un bote hasta *Magic Kingdom Park* y *Fort Wilderness resort*.
Tamaño de la habitación y precios: Habitaciones estándar (32 m²) cuestan $406 to $760. Las villas de lujo con 1 habitación cuestan entre $712 y $1185, y con 2 habitaciones a un precio de entre $1181 y $2157. También hay disponibles villas-estudios.
Actividades: Varias piscinas, un tobogán de agua, dos jacuzzis, senderos para correr, una sala de juegos, alquiler de botes y bicicletas, bandera de familia Y visitas guiadas. Comer con personajes en el restaurante *Artist Point* durante la cena.

Animal Kingdom Lodge Resort

Este complejo turístico de 1293 habitaciones de temática africana extiende la magia del Disney's Animal Kingdom Park con los animales que deambulan por la sabana justo fuera de su ventana.

El *Animal Kingdom Lodge Resort* es un lugar mágico para alojarse y es lo más cercano a experimentar una noche en África mientras se encuentra en Florida. El resort cuenta con tres sabanas, cada una con animales diferentes y un aspecto y sensación distintos.

Todas las habitaciones cuentan con balcones, pero no todas tienen vistas a las sabanas y a los animales, ya que cuestan al menos $185 por noche más que las habitaciones estándar. Los olores de los animales no llegan a las habitaciones, y se encuentran bien insonorizadas. Pueden explorar todas las sabanas. Una guía que detalla dónde encontrar diferentes especies se encuentra disponible en todas las habitaciones.

Transporte: Autobuses a todos los lugares.
Tamaño de la habitación y precios: $417 a $705 para una habitación estándar (32 m²). Las villas *Jambo House* y *Kidani Village* cuestan entre

$657 y $1158 para las de 1 habitación y $1051 a $2025 para dos habitaciones.
Actividades: Varias piscinas y un gimnasio.
Extras: Hay opciones de safari en la sabana (cargo extra). El evento 'Come con un especialista en animales'.

Grand Floridian Resort & Spa

El Grand Floridian de temática victoriana sigue siendo inigualable en esplendor. Este hotel de lujo de 900 habitaciones ofrece 14 opciones para cenar.

"Pura opulencia" es la mejor manera de describir el *Grand Floridian*, pero el hotel nos parece más "relleno" que los otros. Si le gusta ser atendido de pies a cabeza, no hay mejor opción.

Ubicación: Junto a *Magic Kingdom*.
Transporte: Monorriel a *Magic Kingdom* (y un sendero en construcción). Para *Epcot*, cambie de línea de monorraíl en el *TTC*. Autobuses a todos lados.
Precios de habitaciones: Las habitaciones estándar cuestan entre $710 a $1084. Las villas de 1 habitación cuestan entre $972 y $1568, y las de 2 habitaciones entre $1577 y $2418.
Actividades: Artes y artesanías, hora del cuento, té por la tarde, *Bibbidi Bobbidi* Boutique, visita guiada, paseo de la princesa con Cenicienta, comedor con

personajes, recortes de siluetas ($15-$24), dos piscinas - una con tobogán y área de juegos, canchas de tenis, alquiler de botes, pista de atletismo, voleibol, spa y gimnasio, croquet y más.

Polynesian Village Resort

Con su temática hawaiana, y su increíble ubicación frente al parque Magic Kingdom, el Polynesian Village de 847 habitaciones es nuestro resort de lujo favorito.

El tema del complejo es realmente relajante, desde la música de fondo hasta el lobby. Puede tumbarse en una hamaca o en una silla de playa y ver los fuegos artificiales del *Magic Kingdom* en la playa del hotel.

Transporte: Monorriel y barcos al *Magic Kingdom*. Para *Epcot*, cambie de línea de monorraíl en el *TTC*. Los autobuses sirven para todos los demás parques.
Tamaño de la habitación y precios: Habitaciones estándar (38 m²) cuestan $593 a $973. Los bungalows frente al agua cuestan $3009 a $5259.
Actividades: Una playa, actividades acuáticas, dos piscinas, una cascada y un tobogán de agua, un sendero para correr y un gimnasio. Alquiler de botes. Hogar del bar increíblemente temático de *Trader Sam's* y la cena con espectáculo de *Ohana*.

Contemporary Resort

Situado a cinco minutos a pie del *Magic Kingdom Park*, este hotel de 750 habitaciones cuenta con grandes habitaciones estándar en 41 m², grandes opciones para cenar y una temática ultramoderna.

El *Contemporary Resort* es extraño: si usted está buscando una temática increíble, deberá buscar en otro lugar, pero si quiere estar cerca del *Magic Kingdom*, un resort de lujo y un montón de comodidades, no busque más.

Transporte: Monorriel a *Magic Kingdom* (o caminata de 5 minutos). *Epcot* por monorriel y cambiando de línea. Autobuses a otras partes.

Precios de habitaciones: Las habitaciones estándar cuestan entre $498 y $829. Las habitaciones de Bay Lake Tower cuestan entre $591 y $964 para un estudio, entre $861 y $1333 para una villa de una habitación y entre $1126 y $2300 para una villa de dos habitaciones.

Actividades: Un gimnasio, una sala de juegos, baloncesto, voleibol, golf y tenis. Actividades acuáticas. Piscina con alquiler de cabañas. Experiencia pirata para niños ($55).

Extras: Las Villas en la Bay Lake Tower incluyen estudios, apartamentos de 1 y 2 camas. *California Grill* ofrece la mejor comida de Walt Disney World.

Fort Wilderness Resort & Campground

Este resort tiene 788 campings en el rango de valor. Las 409 cabañas son de categoría moderada.

En lo más básico, se consigue un camping para acampar bajo las estrellas o en su casa rodante con baños compartidos. Si le gusta el aire libre, esto es perfecto. Las *Wilderness Cabins* son un gran paso adelante y similares a las grandes habitaciones de un hotel de Disney.

Ubicación: Un bosque entre *Magic Kingdom* y *Epcot*.

Transporte: Este complejo se encuentra en un bosque de 750 acres; cuenta con un sistema interno de autobuses. Para el Magic Kingdom, hay un bote. Autobuses a cualquier otro lugar.

Tamaño de la habitación y precios: $84 a $228 por sitio de acampar (7.62m de ancho y desde 7.62m a 19.81m en longitud), $400-$737 por cabaña (47 m²).

Actividades: Paseos a caballo y en pony, una granja de mascotas, alquiler de bicicletas, un sendero para

correr, voleibol, baloncesto, tejo, tetherball y paseos por la naturaleza. Las comidas con espectáculos de *The Hoop Dee Doo Musical Revue* y *Mickey's Backyard BBQ* son una gran diversión.

Old Key West Resort

Este resort con villas de lujo tiene 709 habitaciones y está inspirada en el Cayo Hueso de principios de siglo.

Las habitaciones son de las más grandes de Walt Disney World y el resort también suele tener descuentos. Es un resort grande, algo que puede ser un inconveniente para los huéspedes, especialmente para aquellos que utilizan los autobuses de Disney para desplazarse.

Las opciones de comida son limitadas. Disney Springs se encuentra a un corto viaje en barco con muchas opciones para comer.

Ubicación: Entre *Epcot* y *Disney Springs*.
Transporte: Ferry a *Disney Springs*, autobuses a todas partes.
Tamaño de la habitación y precios: Estudio (34 m²): $418-$663, 1-dormitorio (87 m²): $569-$930, 2-dormitorios (124 m²): $810-$1443. Las Villas Grandes (188 m²) cuestan hasta $2000.

Actividades: Cuatro piscinas, una playa de arena blanca, canchas de voleibol, alquiler de motos acuáticas, un sendero para correr, alquiler de bicicletas, salas de juego, canchas de baloncesto, tejo, un gimnasio, canchas de tenis, hockey aéreo, piscina, dardos y bingo.

Saratoga Springs Resort

Saratoga Springs pertenece a la categoría de Villa de Lujo. Este resort de 1260 habitaciones tiene como temática Saratoga Springs en el norte del estado de Nueva York.

Saratoga Springs es muy similar a *Old Key West*, aunque este resort tiene habitaciones ligeramente más pequeñas.

Las *Treehouse Villas* son únicas en este resort: se encuentran a 3 metros del suelo, ofreciendo grandes vistas de los alrededores y permitiendo que se sienta inmerso en la naturaleza - una experiencia verdaderamente única.
Ubicación: Zona *Disney Springs*.
Transporte: Botes a Disney Springs. Autobuses a todos lados.
Tamaño de la habitación y precios: Estudio (33 m²): $418-$663, Treehouse Villas de 1 habitación (66 m²): $568-$932, de 2 habitaciones (100 m²):

$809-$1438, de 3 habitaciones: $1016-$1798.
Actividades: Una piscina con tobogán de agua, spa, una sala de juegos, canchas de tenis y alquiler de bicicletas. Un spa y gym.

Disney's Riviera Resort

Situado en el área de resorts de Epcot, este resort de villa de lujo ofrece 489 habitaciones.

Descubra Europa y el Mediterráneo como lo hizo Walt Disney en este nuevo resort, esa es la historia de Disney. No creemos que haya mucha onda europea aquí, personalmente.

Además de un fantástico restaurante en la azotea, hay hermosos jardines, fuentes, dos piscinas (incluida una piscina tranquila) y un gimnasio.

El complejo ofrece estudios, villas de 1-2 y 3 dormitorios, pero también un único y pequeño 'Tower Studio' para 2 personas con muchas características como la cama, el microondas y la nevera empotrada en la pared.
Transporte: *Skyliner* hacia *Hollywood Studios* (5-10 minutos) y *Epcot* (15 minutos). Autobuses a todos lados.

Precios: Tower Studios cuestan entre $415 y $690. Deluxe Studios cuestan entre $623 y $960. Una villa de una habitación cuesta de $911 a $1415, una de dos habitaciones de $1401 a $2149 y una de tres habitaciones de $2808 a $4539.
Actividades: Un gimnasio, un juego de ajedrez gigante, dos piscinas - una con tobogán de agua, área de juego de agua, fogón, desayuno de personajes y cena de firmas, y un taller de chocolate ($60).

Hoteles en el lugar que no son de Disney

Hay varios hoteles que no son administrados por Disney pero que están en la propiedad de Disney, la mayoría se encuentran cerca de Disney Springs. Las diferencias entre estos y los hoteles de Disney incluyen:

• Sin Extra Magic Hours (horas extendidas del parque), con algunas excepciones.
• Sin Planes de Comedias Disney
• El transporte gratuito de autobús entre los hoteles y los parques temáticos (a menos que se indique lo contrario) es menos frecuente que los servicios de Disney.
• Sin traslado gratuito a *Disney Magical Express*
• Los precios son generalmente más bajos que en los hoteles de Disney
• La temática es en gran parte inexistente.
• Algunos cobran tarifas de resort.
• Muchos forman parte de cadenas para que usted pueda ganar y canjear puntos de fidelidad.

Si está interesado en ver esto, los hoteles son *Doubletree by Hilton Orlando - Disney Springs; Walt Disney World Swan and Dolphin Hotels; Shades of Green; Best Western Lake Buena Vista; Holiday Inn Orlando - Disney Springs; Four Seasons Orlando; Hilton Orlando Buena Vista Palace Disney Springs; Hilton Orlando Lake Buena Vista - Disney Springs;* y *B Resort & Spa.*

Magic Kingdom Park

El Magic Kingdom Park de Disney es el parque temático más visitado del mundo con más de 20,9 millones de visitantes al año. El Magic Kingdom Park fue el primer parque temático construido en el Walt Disney World Resort - fue inaugurado el 1 de octubre de 1971.

Leyenda de las atraciones

🎟️	Tiene Fastpass+?	📏	Restricción de altura
📷	Hay una foto en la atracción?	⌄	Duración de la atracción
⌛	Espera promedio		

En las siguientes secciones, enumeramos cada atracción junto con la información clave. A la izquierda se encuentran los símbolos de las siguientes secciones. Donde encuentre la frase 'PCD' esto representa "Planes de Comidas Disney - ver página 104.

Main Street, U.S.A.

Main Street, U.S.A. se inspira en la ciudad natal de Walt Disney, Marceline, Missouri, y su temática recrea una calle de principios del siglo XX.

Main Street, U.S.A. presenta tiendas a ambos lados de la calle y conduce al *Cinderella Castle* al final. Desde esta zona 'central' frente al castillo, puede dirigirse en una de las seis tierras temáticas. Debido a su ubicación, caminará por *Main Street* tanto al entrar como al salir del parque.

Main Street abre a los huéspedes aproximadamente una hora antes de la hora oficial de apertura del parque. Esto significa que puede entrar en *Main Street* y en las tiendas y cenar antes de explorar el resto del parque. 5 minutos antes de la hora de apertura del parque, se presenta el espectáculo *'Let the Magic Begin'* frente al *Cinderella Castle* para abrir oficialmente el parque.

Qué es Fastpass+?

Es un servicio gratuito de ahorro de tiempo que le permite reservar un tiempo para subir a una atracción en lugar de esperar en una fila de espera estándar. Lo discutiremos en detalle más adelante en la guía.

City Hall se encuentra a la izquierda antes de entrar en *Main Street, U.S.A.* Esta es la ventanilla única para prendedores, insignias, ayuda, tarjetas de discapacidad, comentarios positivos y quejas.

Para comprar, la tienda principal aquí es el enorme **Emporium**, pero también hay muchas tiendas pequeñas a ambos lados de la calle.

El **Main Street Chamber of Commerce** es donde puede recoger los artículos que compra durante el día en lugar de llevarlos por el parque.

Además de las atracciones enumeradas aquí, puede disfrutar de la **Harmony Barber Shop** (una barbería de verdad - se recomienda reservar en el 407-W-DISNEY o disneyworld.com) y el **Main Street Vehicles**, en el cual usted puede subir y bajar por **Main Street, U.S.A.** si prefiere darle un descanso a sus pies.

Main Street U.S.A. Railroad Station (Suspendido en 2020)

Suba a bordo del *Walt Disney World Railroad* para un recorrido circular alrededor de *Magic Kingdom Park* en una clásica locomotora a vapor.

El tren es una forma relajante de moverse por el parque con varias estaciones. En cada una de estas estaciones se puede subir o bajar - las otras estaciones se encuentran en *Frontierland* y *Fantasyland*.

El recorrido completo por el parque dura unos 20 minutos, con trenes cada cinco minutos más o menos, pero usted es libre de subir y bajar en cualquier estación que desee. También puede permanecer en todo el recorrido si lo desea.

No | No | N/A | Hasta 20 mins | Menos de 10 mins

Nota: Esta atracción permanece suspendida por construcción hasta algún momento del 2021.

Town Square Theater

Fastpass+: Si

Conozca a Mickey Mouse entre bastidores en el *Town Square Theater* y cree recuerdos que durarán toda la vida. Ya que se encuentra en eso, ¡tome algunas fotos también!

Sorprendentemente, las filas de espera son soportables con tiempos de espera raramente superiores a 30 minutos.

Otros personajes también se reúnen en este lugar periódicamente.

Sorcerers of the Magic Kingdom

Este es un juego de cartas interactivo en el que se aventura en el *Magic Kingdom* encontrando portales. Una vez en un portal, sostenga sus cartas del juego mágico y las pantallas del parque se activarán. Sus cartas le ayudarán a derrotar a los villanos de Disney. Cuanto más juegue, más difícil será el juego, para que progrese a lo largo de su viaje.

Para jugar, sólo debe recoger sus cartas gratuitas en *Firehouse* en *Main Street, U.S.A.* Aquí se le proporciona un mapa y las instrucciones completas.

Esta experiencia viene incluida en la entrada al parque sin cargo adicional y es una gran manera de pasar el tiempo en los parques sin tener que esperar en la fila. Los invitados pueden añadir cinco nuevas cartas al azar a su lista cada día – el juego es el sueño de todo coleccionista con más de 70 cartas para coleccionar.

Restaurantes
Casey's Corner - Servicio Rápido, acepta PCD, los platos principales cuestan entre $9.50-$13.50.
The Crystal Palace - Buffet de personajes, acepta PCD, $42 para adultos y $27 para niños en el desayuno; $55 por adulto y $36 por niño en el almuerzo y la cena.
Main Street Bakery - Servicio Rápido, acepta PCD, sirve productos de Starbucks y productos de panadería, los sándwiches cuestan $7, bebidas $3.50-$6.
Plaza Ice Cream Parlor - Refrigerios, No acepta PCD, los helados cuestan $7-$7.50.
The Plaza Restaurant – Servicio de mesa, acepta PCD, los platos principales cuestan entre $14-$18 en el desayuno, y $17-$29 en el almuerzo y la cena.
Tony's Town Square Restaurant - Servicio de Mesa, acepta PCD, comida italiana, platos principales: $19-$36.

WDW | Magic Kingdom Park

Frontierland

Entre y sea transportado al lejano oeste de los Estados Unidos. Además de las atracciones que se enumeran a continuación, también puede explorar Tom Sawyer Island a pie.

Big Thunder Mountain Railroad

Suba a una montaña rusa familiar que seguro que hará sonreír a todo el mundo. Este paseo dura unos 4 minutos, lo que es inusualmente largo para una montaña rusa.

¡A medida que se aventuran a través de la mina, verán géiseres, dinamita, pueblos del oeste, cuevas y más! Este es un gran paseo familiar que es relativamente tranquilo como montañas rusas, y una manera de hacer que los niños se interesen en algo más emocionante.

Si | No | 102 cm | 4 mins | 90 a 120 mins

Splash Mountain

Splash Mountain es un paseo de troncos con una larga parte cubierta que sigue la historia de la película *Song of the South*.

La atracción es muy divertida, con música, animatronics y pequeños saltos en el interior para disfrutar en el recorrido.

Si | Si | 102 cm | 7 mins | 90 a 120 mins

Luego, a medida que la acción se intensifica, cae en picada por una caída de 16 metros al final y descubrirá por qué se llama *Splash Mountain*.

Normalmente no se moja mucho en este paseo; es más un rocío que un baño. Sin embargo, siempre hay una posibilidad de salir empapado, así que deje sus aparatos electrónicos y objetos de valor con una persona que no suba.

Country Bear Jamboree

El *Country Bear Jamboree* es una atracción al estilo de un show teatral con cantos pregrabados de osos animatronics.

Para ser honesto, es probablemente nuestra atracción menos favorita en el M*agic Kingdom* ya que es muy anticuada y nunca ha resonado con nosotros.

Por otra parte, proporciona refugio de la lluvia y el calor y permite un descanso para sentarse sin filas de espera.

Restaurantes
Golden Oak Outpost - Refrigerios, acepta PCD, los nuggets y las patatas fritas de waffle cuestan entre $6.50-$10
Pecos Bill Tall Tale Inn and Cafe - Servicio Rápido, acepta PCD, los platos principales cuestan entre $9.50-$15
Westward Ho - Refrigerios, acepta PCD, $9 por un perrito caliente de maíz *(corn dog)*, $3 por papas fritas y $3-$5 por bebidas

Liberty Square

Viaje a los Estados Unidos coloniales en esta tierra única que no se encuentra en ningún otro parque Disney del mundo.

Haunted Mansion

A pesar de su nombre y su imponente fachada, esto no es un horror o un paseo de terror, es un paseo tranquilo con humor irónico.

No hay saltos de miedo, pero la atmósfera espeluznante y las risas fuertes pueden asustar a los niños pequeños, así como los fantasmas del cementerio. También es muy oscuro por dentro. Verán fantasmas que bailan, bustos que cantan, una sesión de espiritismo, cuervos y mucho más.

Si | Si | N/A | 8 mins | 30 a 45 mins

The Hall of Presidents

Este espectáculo presenta animatronics de los 44 presidentes de EE.UU., así como elementos multimedia que muestran fragmentos de la historia política de Estados Unidos.

Es poco probable que los niños, y los que son menos políticos, se entretengan. Sin embargo, los patriotas probablemente disfrutarán del espectáculo.

Los animatronics son increíblemente avanzados y son espeluznantes como la vida misma. La atracción presenta un discurso del actual presidente.

No | No | N/A | 22 mins | Hasta el siguiente espectáculo

Liberty Square Riverboat

Navegue alrededor de *Tom Sawyer Island* en un crucero tranquilo en el barco *Liberty Square Riverboat*. La cantidad de asientos es muy limitada y la mayor parte del espacio es para estar de pie.

Las horas de cierre varían según la estación y un cartel en la zona de carga indicará la hora del último viaje del día, así como la frecuencia de las salidas (normalmente cada media hora).

No | No | N/A | 13 mins | Menos de 20 mins

Restaurantes

Columbia Harbour House – Refrigerios y Servicio Rápido, acepta PCD, los platos principales cuestan entre $9-$16
The Diamond Horseshoe Revue – Servicio de mesa, acepta PCD. Todo lo que pueda comer cuesta $39 por adulto y $21 por niño. Los platos principales cuestan entre $17-$22.
Liberty Tree Tavern – Servicio de mesa, acepta PCD, los platos principales cuestan entre $20-$24 por almuerzo, y $39 para todo lo que pueda comer para adultos y $21 para niños.
Liberty Square Market - Refrigerios, acepta PCD, perros calientes $8, las piernas de pavo $12.50
Sleepy Hollow - Refrigerios, acepta PCD, los waffles cuestan $7-$10.50, funnel cakes cuestan $7, y las bebidas $3.50-$5.50

Adventureland

Pirates of the Caribbean

¡Ahoy mis valientes! Navegue a través del mundo de *"Pirates of the Caribbean"*.

Con los personajes del famoso éxito de taquilla *"Pirates of the Caribbean"*, así como los personajes originales que inspiraron las películas exitosas, este es un divertido paseo por el canal de agua a través de escenas llenas de piratas con una pequeña caída para añadir un elemento de emoción.

Si | Si | N/A | 8 mins | 20 a 45 mins

Los visitantes suben a los barcos y navegan por escenas con increíbles personajes animados.

Se escuchan canciones conocidas en toda la atracción, lo que añade una atmósfera de piratas.

La versión original de este paseo en Disneylandia fue la atracción final que Walt Disney supervisó la creación.

The Magic Carpets of Aladdin

Suba a una de las alfombras mágicas de Aladino y vuele a través de Adventureland.
Este es un paseo tranquilo y es muy similar a *Dumbo* en *Fantasyland*.

Si | No | N/A | 2 mins | 10 a 30 mins

Swiss Family Treehouse

Esta atracción de paseo elaboradamente temática le permite subir a la casa del árbol y aventurarse de una habitación a otra para ver cómo la familia *Swiss* construyó su hogar después de un naufragio, aprovechando al máximo la naturaleza a su alrededor. No hay que esperar para explorar esta área y es una buena manera de pasar unos minutos.

Walt Disney's Enchanted Tiki Room

Una atracción original de Walt Disney, ingrese al mundo de las flores y los pájaros que cantan en el *Enchanted Tiki Room*. Es quizás la atracción más desconcertante de Walt Disney World, y en nuestra opinión es que necesita un reemplazo para la generación actual.

Jungle Cruise

Suba a bordo y navegue por las selvas de todo el mundo, con un capitán que no puede evitar contar los chistes más trillados que haya escuchado. A lo largo del camino podrá ver una variedad de animales de animatronic.

Como cada barco tiene su propio capitán, la experiencia del paseo puede variar desde un viaje escandalosamente hilarante hasta uno en el que el guía ofrece un mínimo de entusiasmo.

La cola es bastante tediosa y no hay mucho que ver o hacer, así que le recomendamos que haga una reserva de un *Fastpass+* para esta atracción.

Si | No | N/A | 10 mins | 45 a 90 mins

A Pirate's Adventure: Treasures of the Seven Seas

Este juego interactivo le hará explorar *Adventureland* en busca de tesoros escondidos mientras se enfrenta a una de las cinco tareas.

Cuando comience, recibirá un talismán mágico, así como un mapa que le ayudará a lo largo de su camino mientras busca el tesoro.

Una vez que haya encontrado un lugar, toque su talismán y vea cómo cambia *Adventureland* a su alrededor.

Cada misión dura entre 15 y 20 minutos y es una forma divertida de añadir una experiencia única a su día sin necesidad de esperar en una fila.

Consejo principal: Complete 3 de las 5 misiones y obtendrá una bonificación *FastPass+* para *Pirates of The Caribbean*.

Restaurantes

Aloha Isle - Refrigerios, No acepta PCD, dole whips y floats cuestan $5-$7, las bebidas cuestan $3.50-$4
Jungle Navigation Co., Ltd. Skipper Canteen – Servicio de mesa, acepta PCD, Cocina africana, estadounidense, asiática y latina, los platos principales cuestan entre $19-$36
Sunshine Tree Terrace - Refrigerios, No acepta PCD, los postres cuestan $5-$7, las bebidas cuestan $3.50-$4
Tortuga Tavern - Refrigerios y Servicio Rápido, acepta PCD, cocina estadounidense, platos principales: $10.50-$15.

WDW | Magic Kingdom Park

Fantasyland

Bienvenido al lugar donde puede dejar volar su imaginación en un mundo de clásicos de Disney. Fantasyland está dedicado a los miembros más pequeños de la familia.

Cinderella Castle

Entre en el castillo de Cenicienta y camine por la entrada al otro lado del foso y a Fantasyland.

Con sus 189 pies de altura, Cinderella Castle es el ícono central de Magic Kingdom y, de hecho, de todo Walt Disney World.

Al cruzar el puente levadizo y caminar por el castillo, asegúrese de mirar los increíblemente detallados mosaicos a su alrededor.

A diferencia de otros castillos de Disney como los de Disneyland Resort y Disneyland Paris, no se puede visitar el área interior de la planta superior del castillo. La única excepción es si usted está comiendo en el restaurant Cinderella's Royal Table que incluye apariciones de las princesas de Disney y otros personajes seleccionados.

En el interior del castillo, en el primer piso, se encuentra el Bibbidi Bobbidi Boutique, un salón de maquillaje, donde las niñas pueden ser transformadas en princesas con maquillaje, un vestido de Disney y un peinado.

Los paquetes de la Bibbidi Bobbidi Boutique varían entre $65 y $450, más impuestos, dependiendo de lo que su princesa elija hacer.

Los chicos pueden participar en el "Paquete Knight", de precio bastante razonable, por $20 más impuestos. Incluye peinado con gel, confeti, así como una espada y un escudo para guardar. El paquete de lujo cuesta $80.

Las reservaciones pueden hacerse con 180 días de antelación llamando a 407-WDW-STYLE o www.disneyworld.com.

Prince Charming Regal Carrousel

 No No N/A  1 min 30 segs Menos de 10 mins

Monte un hermoso caballo en el corazón de *Magic Kingdom*.

Este es un hermoso carrusel antiguo, que es anterior a *Magic Kingdom* y ahora tiene más de 100 años de antigüedad.

El carrusel es divertido de montar para cada miembro de la familia y los tiempos de espera nunca parecen ser más de 5 o 10 minutos.

¡Para una experiencia diferente, visite el carrusel por la noche y vea todo iluminado!

Nota: Esta atracción no funciona durante los fuegos artificiales.

Mad Tea Party

Un paseo estándar donde monta en una taza de té y gira.

Si desea ir más rápido, sólo tiene que girar la rueda en el centro de la taza – se puede llegar a algunas velocidades vertiginosas.

Los tiempos de espera nunca son demasiado largos para esta atracción y si la espera anunciada es de más de 15 minutos, le recomendamos que simplemente vuelva más tarde en el día.

Princess FairyTale Hall

Conozca y salude a las princesas de Disney en un escenario real.

Elija una de las dos filas de la cola: una es para conocer a Cenicienta y a una princesa visitante; la otra es para conocer a Rapunzel y a una princesa visitante.

El interior del encuentro está lleno de muros de piedra, candelabros y vitrales temáticos de Cenicienta en la fila de espera. ¡Incluso tendrá la oportunidad de ver el zapato de cristal de Cenicienta!

Tengan en cuenta que Anna y Elsa no se reúnen aquí. Ellas están en el pabellón de Noruega en *Epcot*.

Casey Jr. Splash 'N' Soak Station

Esta área de juego es un gran lugar para refrescarse. Hay corrientes de agua de las jirafas y otros animales e incluso una niebla humeante de la chimenea de Casey Jr. Como es un área abierta, no hay que esperar para entrar. Es el lugar perfecto para dejar que los niños jueguen.

"it's a small world"

Una de las atracciones más memorables, *"it's a small world"* presenta a cientos de muñecos cantando una pegajosa melodía sobre la unión del mundo.

Su crucero viaja tranquilamente por escenas

de todo el mundo en esta divertida atracción. La fila para esta atracción se mueve muy rápidamente.

Este es un gran clásico de Disney, que aunque no está basado en ninguna franquicia de cine, es uno de los muchos "imprescindibles" para la mayoría de los visitantes.

The Barnstormer

Una pequeña montaña rusa para niños con una sola caída. El paseo es muy divertido, pero es muy corto y más duro de lo que parece desde fuera.

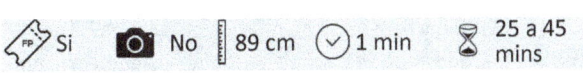

Es una buena montaña rusa para niños, y tiene un límite de altura mínima muy bajo, lo que significa que casi cualquier persona de una edad adecuada puede disfrutarla.

Seven Dwarfs Mine Train

Esta divertida montaña rusa contiene tanto elementos internos como externos que lo llevarán al mundo de Blanca Nieves e incluso a la mina de los Siete Enanitos, donde "brillan un millón de diamantes".

Los carros de la atracción se balancean cuando los invitados toman las curvas como lo harían los carros de las minas. El nivel de emoción se encuentra justo debajo de *Big Thunder Mountain* pero a un paso de *The Barnstormer*. También encaja perfectamente en el medio para el límite de altura – una verdadera atracción familiar.

Sí | Sí | 97 cm | 3 mins | 90 a 120 mins

Under the Sea - Journey of the Little Mermaid

Under the Sea es nuestra atracción de estilo clásico favorito en Walt Disney World, ya que está perfectamente realizado.

La narración es genial, la animación es asombrosa, la música es excepcional. La atracción entretiene a lo largo de todo, mientras se mueve lenta y constantemente para no asustar a los más pequeños.

Tenga cuidado con la increíble apariencia de Úrsula si tienen algún invitado sensible en su grupo, aunque el momento se acaba rápidamente.

 Sí No | N/A | 5 mins | 20 a 45 mins

Incluso la fila de espera es divertida y un juego interactivo para jugar donde se ven los cangrejos.

Consejo principal: En la última hora de apertura del parque, esta atracción no tiene espera.

Mickey's PhilharMagic

Philharmagic es, en nuestra opinión, el mejor espectáculo 4D de Walt Disney World, y uno que no se puede perder.

Aquí, usted asistirá a la representación de la ópera de Goofy con la orquesta Mickey's Philharmonic. Sin embargo, cuando Donald se involucra, las cosas se descontrolan y acaba en una aventura viajando por un mundo de películas clásicas de Disney.

Tiene una fila de espera y un teatro con aire

 Sí No | N/A | 10 mins | Menos de 15 mins

acondicionado y es una película fantástica.

Consejo principal: Al final del espectáculo, Donald sale volando de la pantalla - mira la parte de atrás del teatro para una sorpresa.

The Many Adventures of Winnie the Pooh

Entra en una de los "tarros de miel" de Pooh y explora una de sus muchas aventuras.

Este es un paseo suave donde se aventura a través de las historias de Pooh; incluye leves movimientos de balanceo y saltos para mejorar la experiencia.

 Sí No | N/A | 3 mins 20 a 45 mins

El paseo está repleto de colores brillantes que deben entusiasmar a los pequeños.

Enchanted Tales with Belle

Una aventura interactiva en la que usted es llevado a la casa de Maurice, y es transportado mágicamente al castillo de la Bestia. Una vez allí, tendrá la oportunidad de sorprender a Bella!

No todos los miembros del grupo deben participar en sorprender a Bella, pero puede ofrecerse como voluntario para ayudar si lo desea. Si no lo desea, puede sentarse y disfrutar del espectáculo.

Incluso si no desea conocer a las princesas, le recomendamos que visite esta atracción – definitivamente vale la pena la espera y la atracción

 Si Si N/A 15 mins 30 a 60 mins

incluye algunos efectos especiales increíbles.

Consejo principal:
¡Asegúrese de tener una buena vista del espejo detrás del miembro del reparto en la salida! Tampoco hay que perderse el animatronic de Lumiere en la sala principal.

Peter Pan's Flight

Peter Pan's Flight es una de las atracciones más populares de *Magic Kingdom*. Se sube a un barco pirata volador y se hace un viaje por el mundo de Peter Pan y el País de Nunca Jamás.

Las escenas se encuentran tanto a su lado como debajo de usted, y el interior de esta atracción es impresionante, desde el momento en que vuela.

Esta atracción es increíblemente popular, así que una reservación de *Fastpass+* es recomendada.

Se formen largas esperas. Sin embargo, los visitantes de la fila de espera pueden disfrutar de una divertida

 Si No N/A ⏱ 5 mins ⏳ 90 a 120 mins

fila interactiva que los lleva a través de la guardería Darlings.

Nota: Si le teme a las alturas, esta atracción puede no ser adecuada para usted ya que los barcos dan la sensación de vuelo. A veces, se encontrará a varios metros del suelo.

Dumbo: The Flying Elephant

Dumbo es una de las atracciones más populares en *Magic Kingdom*. A medida que gira, use la palanca de los asientos de cada elefante *Dumbo* para subir o bajar.

Cuando esté en vuelo, la atracción ofrece bonitas vistas de los alrededores, así como mucha diversión. Debido a su popularidad, ahora hay dos grupos de Dumbos, y los tiempos de espera son más cortos que en el pasado.

Si N/A 90 segs 20 a 45 mins

Hay un sistema de espera con un localizador. Los niños pueden jugar en un área de juego - una vez que es su turno de subir, lo llaman. ¡No se dará cuenta de que está haciendo fila!

Restaurantes
Be Our Guest Restaurant - Servicio Rápido [desayuno y almuerzo] y Servicio de mesa [2 créditos - cena], acepta PCD – desayuno: $29 para los adultos y $16 para los niños, en el almuerzo los platos principales: $15-$19, el precio fijo de la cena es $62 por adulto y $37 por niño. Es necesario hacer reservaciones para todas las comidas, incluyendo Servicio Rápido.
Cheshire Café - Refrigerios, No acepta PCD, cola de gato de Cheshire: $5.50, las bebidas: $3-$5
Cinderella's Royal Table – Servicio de mesa, acepta PCD, el precio del desayuno es $62 por adulto ($37 por niño), almuerzo y cena cuestan $75 por adulto y $4 por niño.
Gaston's Tavern - Refrigerios, acepta PCD, los refrigerios: $3.50-$10.50, & las bebidas: $3-$13
Pinocchio Village Haus - Refrigerios y Servicio Rápido, acepta PCD, los platos principales: $10-$13.
Prince Eric's Village Market - Refrigerios, No acepta PCD, las frutas y los pretzels: $2-$10.
Storybook Treats - Refrigerios, No acepta PCD, helados y floats cuestan $5-$7.
The Friar's Nook - Servicio Rápido, acepta PCD, los platos principales cuestan $10-$11.

WDW | Magic Kingdom Park

Tomorrowland
Eche un vistazo al futuro en esta tierra que deja atrás el presente.

Buzz Lightyear's Space Ranger Spin

Buzz Lightyear le invita a subir a bordo de su nave y utilizar los explosivos incorporados para ayudar a derrotar al malvado emperador Zurg. Disparando a los objetivos que lo rodean, ayudará a Buzz y acumulará puntos.

Cada objetivo vale una cantidad diferente de puntos e incluso hay objetivos ocultos para conseguir miles de puntos de bonificación a la vez.

También puede cambiar la dirección de su crucero espacial con el joystick en el

 Si Si N/A 5 mins   45 a 75 mins

centro del vehículo y girar el coche en sentido contrario si ve un objetivo que su amigo no tiene. Al final del viaje, el que tenga más puntos gana.

¡Es competitivo y muy divertido!

Tomorrowland Transit Authority Peoplemover

Una de nuestras gemas ocultas favoritas en *Magic Kingdom* es el *Peoplemover* - ¡una manera relajante de recorrer *Tomorrowland* incluyendo ver el interior de *Space Mountain* y *Buzz*

 No No N/A 10 mins 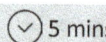 Menos de 15 mins

Lightyear Space Ranger Spin!

El recorrido de diez minutos es una oportunidad para poner los pies en alto. Los tiempos de espera para *Peoplemover* suelen ser sólo unos pocos minutos.

Tomorrowland Speedway

Los niños pequeños son famosos por amar los automóviles pequeños y esta es su primera oportunidad de conducir por sí mismos.

Aquí, podrá conducir hasta a 11 km/h y disfrutar de las vistas. ¡Es muy divertido para

 Si No   81 cm 5 mins   45 a 75 mins

los niños obsesionados con los coches!

La altura mínima es de 137 cm para conducir solos, y los niños deben tener al menos 81 cm de altura para ir con un adulto.

Los quioscos de fotos le permiten comprar una 'licencia de conducir' por $5.

Monsters, Inc. Laugh Floor

Participe en un espectáculo interactivo con Mike Wazowski y sus amigos graciosos de *'Monstruos, Inc.'* que están listos para interactuar con la audiencia,

 Si   No   N/A   12 mins   15 a 30 mins

incluido usted.

Asegúrese de divertirse o puede que tenga el placer de ser apodado por los monstruos como "Ese tipo".

Space Mountain

Space Mountain es una montaña rusa a través del espacio diseñada pensando en la familia, no tiene bucles ni marcha atrás y proporciona la sensación de volar a través del mundo galáctico.

No es la atracción más emocionante del mundo, pero sí una aventura divertida, ya es la montaña rusa más intensa de *Magic Kingdom*.

Recomendamos hacer una reserva de un *Fastpass+*, ya que la fila de espera es de

 Si   Si   102 cm ⊘ 3 mins   90 a 120 mins

movimiento lento.

Alternativamente, venga en la primera hora de la mañana o al final del día para minimizar la espera.

Astro Orbiter

En la parte superior de *Peoplemover* se encuentra *Astro Orbiter,* una atracción de tipo giratorio similar a *Dumbo* y *The Magic Carpets of Aladdin*.

La diferencia aquí, es que

 No   No   N/A ⊘ 90 segs ⧗ 25 a 45 mins

estos cohetes giran más rápido, y usted se encuentra mucho más arriba, tan alto, ¡que puede ver fuera del parque!

Los cohetes espaciales son muy pequeños y es difícil que entren dos adultos en uno. Incluso un adulto y un niño caben muy justo.

Walt Disney's Carousel of Progress

Una atracción clásica diseñada por Walt Disney, *Carousel of Progress* es un conmovedor, divertido y reconfortante espectáculo que se mueve de escena en escena cada pocos minutos.

Comienza viendo una familia a principios de siglo y observando cómo era la vida

🎫 No 📷 No | N/A ⊘ 20 mins ⧗ Menos de 10 mins

a principios de 1900, luego cada pocos minutos el carrusel gira y se avanza en el tiempo con la familia por unas décadas.

Hay algunos grandes chistes y es divertido ver como el año 2000 ('el futuro') al final fue previsto en los años 60.

Como la canción a lo largo del viaje lo hace saber "¡Hay un gran y hermoso mañana a sólo un sueño de distancia!"

Restaurantes
Auntie Gravity's Galactic Goodies - Refrigerios, No acepta PCD, los helados cuestan $5.50-$7, bebidas: $3.50-$4
Cool Ship - Refrigerios, No acepta PCD, las bebidas cuestan $3-$5, un perro caliente con papas fritas cuesta $9
Cosmic Ray's Starlight Café - Servicio Rápido, acepta PCD, los churros cuestan $6.50
The Lunching Pad - Refrigerios y Servicio Rápido, acepta PCD, los platos principales cuestan entre $9.50-$13
Tomorrowland Terrace Restaurant - Refrigerios y Servicio Rápido, acepta PCD, los platos principales cuestan entre $10.50-$13

Espectáculos en vivo

Magic Kingdom Park tiene mucho entretenimiento durante todo el día, todo esto está incluido en la entrada al parque. La Guía de Horarios tiene toda la información que necesita - puede obtener esto en la aplicación MyDisneyExperience, en la entrada del parque, y en la mayoría de las tiendas del parque.

Flag Retreat (Main Street, U.S.A.) – Escuchen canciones patrióticas mientras la bandera estadounidense es izada y retirada por la tarde cada día con la ayuda de un invitado. Duración: Unos 15 minutos.

Citizens of Main Street – Conozca a los ciudadanos de *Main Street, U.S.A.*, incluyendo al alcalde, al jefe de bomberos, y a otros residentes.

Main Street Philharmonic – Esta banda interpreta canciones de Disney.

Main Street Trolley Show – Un espectáculo de 5 minutos a bordo de un carro tirado por caballos. Esto normalmente se realiza varias veces por la mañana.

Casey's Corner Pianist (Main Street, U.S.A.) – Acompañe al pianista de *Casey's Corner* y escuche sus canciones. Incluso acepta peticiones de canciones.

Main Street Philharmonic al Storybook Circus (Fantasyland) – Esta banda clásica toca canciones de películas de Disney.

The Dapper Dans (Main Street, U.S.A.) – Disfrute del canto en vivo de este cuarteto vocal.

Mickey's Royal Friendship Faire – Este espectáculo de 20 minutos presenta a Mickey Mouse y sus amigos, junto con personajes de algunos de los nuevos clásicos de Disney.

A Frozen Holiday Wish (Holiday Season) – Vea cómo *Cinderella's Castle* se transforma en un palacio helado y brillante con la ayuda de Anna y Elsa.

"Celebrate the Season" Show (temporada de vacaciones) – Este espectáculo de 25 minutos presenta a Mickey y Minnie mientras difunden un poco de alegría navideña, incluyendo canciones de Disney.

Desfiles

Se realizan dos desfiles la mayoría de los días en Magic Kingdom:

Disney's Festival of Fantasy Parade es una visita obligada; es el principal desfile del parque. Normalmente se realiza a las 2:00pm o 3:00pm diariamente y comienza en *Frontierland* por *Splash Mountain*. Pasa por Liberty Square, delante del castillo, y baja Main Street, U.S.A.

El desfile da vida a las mágicas historias de *Fantasyland* a través de las carrozas del desfile, los vibrantes trajes y una banda sonora original que presenta las amadas canciones de las películas favoritas de Disney.

Ariel y sus amigos adornan una caja musical más grande que la vida que muestra una fiesta musical *"Bajo el Mar"*, mientras que bailarines escoceses y una carroza con forma de gaita anuncian la llegada de Merida.

Otras carrozas celebran a las Princesas de Disney y a Dumbo; Peter Pan y Wendy se elevan sobre un galeón pirata; una carroza *Steampunk* Maléfica hace

una entrada impresionante, ¡y Rapunzel y Flynn Rider también aparecen!

Un paquete de comida con reserva para ver el desfile se encuentra disponible en el restaurante T*ony's Town Square*. A un costo de $54 para adultos y $19 para niños (de 3 a 9 años), el paquete ofrece una forma agradable de combinar una comida y algo de entretenimiento.

El **Move It! Shake It! MousekeDance It! Street Party** sucede hasta tres veces al día con el espectáculo principal que tiene lugar en frente al *Cinderella Castle*. En este desfile interactivo, las carrozas se detienen y usted puede unirse al baile.

Durante la temporada de Halloween, podrá ver el desfile **Mickey's "Boo to You" Halloween Parade**, y durante la temporada de vacaciones también hay un desfile especial, **Mickey's Once Upon a Christmastime Parade**.

Fuegos artificiales

Cada noche, experimente un gran final para su día con espectaculares fuegos artificiales en *Happily Ever After*.

Happily Ever After comienza con un sueño... y lo lleva a un viaje que captura el corazón, el humor y el heroísmo de las películas animadas de Disney.

Este espectáculo de 18 minutos presenta más láseres, luces y proyecciones que cualquier otro espectáculo en la historia de *Magic Kingdom*.

Consiga un lugar frente al castillo con al menos 45 minutos de antelación. Para obtener la mejor vista, querrá estar cerca de *Casey's Corner* en *Main Street, U.S.A.*, o en cualquier lugar frente al castillo. Pero si se acerca demasiado, se perderá los fuegos artificiales detrás del castillo y no podrá apreciar las proyecciones.

El espectáculo también se puede ver desde cualquier lugar de *Main Street*, la estación del *Walt Disney World Railroad* en la entrada del parque, así como desde los hoteles cercanos. También puede ver el espectáculo desde casi cualquier lugar del parque, pero una parte clave de este espectáculo son las proyecciones, por lo que una vista de la parte delantera del castillo es ideal.

Los fuegos artificiales con temática de Halloween aparecen durante las fiestas de la temporada de Disney's Halloween, y durante las fiestas navideñas, podrá disfrutar de los fuegos artificiales festivos. Los días 3 y 4 de julio podrá disfrutar de los fuegos artificiales de *Disney's Celebrate America! – A Fourth of July Concert in the Sky*.

En el **Fireworks Dessert Party** en *Tomorrowland Terrace Restaurant*, le esperan tentadores postres, frutas y quesos. A medida que se acerca la hora del espectáculo, los empleados le acompañan a un área reservado en el *Plaza Garden* para ver los espectaculares fuegos artificiales nocturnos. Luego, observen cómo los cielos se enciendan y *Cinderella* Castle brilla.

El *Fireworks Dessert Party* cuesta $99 para adultos $59 para niños, con impuestos incluidos.

Epcot

Epcot fue el segundo parque temático de Walt Disney World, inaugurado en 1982. Su nombre es un acrónimo y significa 'Comunidad Prototipo Experimental del Mañana' (Experimental Prototype Community of Tomorrow, en inglés), la visión de Walt Disney para el futuro de las ciudades.

Aunque Epcot nunca se convirtió en una 'Ciudad del mañana', la versión actual de *Epcot* sigue siendo uno de los conceptos más singulares de un parque temático en cualquier parte del mundo.

El parque está dividido en dos mitades:
• **Future World** es donde las atracciones de primera clase lo transportan al futuro y más allá. Aquí puede volar alrededor del mundo en parapente, entrar en una pista de pruebas futurista y despegar hacia el espacio.
• **World Showcase** se compone de Pabellones que representan a diferentes países. Aquí se sumerge en diferentes culturas con comida, atracciones, arquitectura y más. Cada persona que trabaja en los pabellones ha sido reclutada para trabajar allí durante un año por Disney de su propio país para lograr mayor grado de autenticidad.

El parque está atravesando actualmente una importante actualización y revisión con grandes transformaciones que están ocurriendo en *Future World*.

Future World

Awesome Planet

Este hermoso espectáculo de 10 minutos utiliza impresionantes efectos visuales y escénicos como el viento y el agua para contar la historia del planeta Tierra y por qué debemos trabajar para protegerlo.

Walt Disney Imagineering Presents The Epcot Experience

Con Epcot en proceso de transformación de varios años, este pabellón permite echar un vistazo al futuro del parque temático.

En el interior, usando pantallas y proyecciones en un modelo 3D, podrá descubrir los próximos cambios en el parque.

Esto incluye la transformación del icono del parque - *Spaceship Earth*, una nueva atracción de paseo acuático de Moana, una montaña rusa de los Guardianes de la Galaxia con un lanzamiento hacia atrás, un nuevo pabellón interactivo *Let's Play*, el nuevo espectáculo nocturno *HarmonioUS*, *Remy's Ratatouille Adventure*, y una nueva atracción de *Mary Poppins* en el pabellón del Reino Unido.

La presentación completa dura unos 12 minutos, pero puede entrar y salir cuando quiera.

Spaceship Earth

Dentro de la gigantesca esfera geodésica (o 'la pelota de golf' como la llaman la mayoría de los huéspedes), hay una atracción que lo llevará a un viaje lento desde el amanecer de los tiempos hasta la era de Internet. Es una historia divertida y fascinante que vale la pena experimentar.

Recomendamos subir a esta atracción más tarde en el día ya que muchos visitantes hacen fila para ella en la apertura del parque, ya que se encuentra justo en la entrada.

Por la tarde y por la noche es muy poco probable que haya que esperar para subir a la atracción.

 Si Si N/A 13 mins 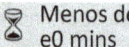 Menos de e0 mins

Test Track

Una divertida atracción familiar que te lleva al mundo de Chevrolet. En la fila de espera diseñará su propio vehículo en una pantalla táctil, que luego se probará virtualmente contra los vehículos de otros pilotos durante el viaje.

El viaje en sí es una divertida exploración de cómo los diferentes factores pueden influir en un coche y su capacidad, eficiencia, capacidad de respuesta y potencia.

Esta atracción es muy divertida pero es intensa. Es

Si | Si | 102 cm | 5 mins | 60 a 120 mins

la atracción más rápida de Walt Disney World y alcanza velocidades que superan los 100 km/h.

Se encuentra disponible una línea de *Single Rider*.

Turtle Talk with Crush

Este espectáculo interactivo hace que tanto adultos como niños hablen con Crush de *Buscando a Nemo* y le hagan preguntas sobre el mundo de las tortugas; mientras tanto Crush tiene algunas preguntas para usted sobre el mundo

 Si No N/A | 12 mins | Menos de 20 mins

humano.

Es muy divertido si usted está dispuesto a involucrarse. ¡Incluso puede aprender a hablar como una ballena!

Los personajes de *Buscando a Dory* también hacen apariciones.

The Seas with Nemo and Friends

Un lento viaje en concha de almeja pasando por uno de los mayores acuarios del mundo.

Observe los peces y busque

 Si No N/A  4 mins 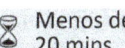 Menos de 20 mins

los personajes de Buscando a Nemo, de Pixar, que se entrelazan en la historia de

la atracción, mezclados en los mismos acuarios que los peces reales.

Living with the Land

Un lento crucero con narración a través de invernaderos, criaderos de peces y más.

Aprenda sobre la tierra, cómo la usamos los humanos y todo lo que ofrece. Mire las técnicas de tecnología de cultivo de

 Si No   N/A  14 mins 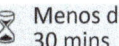 Menos de 30 mins

plantas como la hidroponía, donde las plantas crecen en agua sin tierra.

El recorrido pago a pie *"Behind the Seeds"* también se encuentra disponible del

puesto al lado de *Soarin' Around the World*.

Puede contar con las decoraciones añadidas en los períodos festivos.

Mission: SPACE
Vuele al como un astronauta en Epcot.

Disney ofrece dos versiones de la atracción. La versión verde "menos intensa" sigue siendo razonablemente intensa en los simuladores. La versión naranja "más intensa" gira rápidamente para empujarlo y sacarlo de su asiento para una experiencia más intensa. Esto crea la sensación de gravedad cero pero es más probable que induzca náuseas.

Sugerimos no comer antes de subir a esta atracción, o al menos dejar unas horas para digerir la comida, ya que esta atracción es conocida por inducir mareos.

La zona posterior a la atracción es *Advanced Training Lab*. Esta es un área de juego digital de interior (incluyendo los cargadores en los asientos).

Si | No | 102 cm | 4 mins | 30 a 45 mins

Journey into Imagination with Figment
Esta es quizás la atracción más extraña de todo Walt Disney World.

Si | No | N/A | 8 mins | Menos de 10 mins

Su amigo Figment (un dragón púrpura) quiere probar sus cinco sentidos en esta inusual atracción. Es una experiencia extraña que vale la pena hacer al menos una vez.

El área posterior a la atracción se llama *ImageWorks*, y es una variedad de divertidos juegos interactivos, la mayoría relacionados con la música.

También se puede entrar al área posterior de la atracción a través de la tienda si no desea subir a la atracción.

Soarin' Around the World
Una de las atracciones más populares de Epcot, *Soarin'* le ofrece la oportunidad de experimentar volar y hacer ala delta sobre lugares de todo el mundo.

Si | No | 102 cm | 5 mins | 60 a 90 mins

Es una experiencia verdaderamente inmersiva, con aromas y movimientos lentos que coinciden con un vídeo gigante en pantalla, creando una sensación de vuelo increíblemente realista.

Si le asustan las alturas, este viaje definitivamente no es para usted.

Esta es una de las mejores atracciones del parque. El concepto es simple pero la ejecución es excelente.

Restaurantes
Coral Reef Restaurant - Servicio de mesa, acepta PCD, los platos principales: $24-$40.
Garden Grill Restaurant - Servicio de mesa, No acepta PCD, estilo familiar con personajes, el desayuno: $27 para los niños y $42 para los adultos, el almuerzo y la cena: $36 para los niños y $55 para los adultos.
Space 220 (Apertura en 2020) - Servicio de mesa. La cocina americana con una vista desde el espacio.
Sunshine Seasons - Refrigerios y Servicio Rápido, acepta PCD, los platos principales: $9-$14.
Taste Track Burgers and Fries - Refrigerios y Servicio Rápido, acepta PCD, el precio varía.

World Showcase

El World Showcase es la segunda mitad de Epcot. Dividido en once países situados alrededor de una laguna central, el World Showcase es su oportunidad de explorar diferentes rincones del mundo, todos a unos pasos de distancia.

Explore los pabellones de *World Showcase* y muévase de Canadá al Reino Unido en pocos pasos, o viaje a China y descubra nuevas culturas. Compre, cene, disfrute de las atracciones y hable con verdaderos representantes de los países.

Nota: Con la excepción de algunos puestos de comida y restaurantes, *World Showcase* y sus atracciones abren a las 11:00am, y no a las 9:00am con *Future World*. Las excepciones son los pabellones de Noruega y México que abren a las 9:00am.

Si se hospeda en los hoteles de la zona de Epcot o llega al *Skyliner* de Disney, puede usar la entrada del *International Gateway* del parque, y caminar desde *World Showcase* hasta *Future World*.

Actividades en World Showcase:
• *Disney Phineas and Ferb: Agent P's World Showcase Adventure* - Únase a Phineas y Ferb convirtiéndose en agente especial y explorando los pabellones de los países mientras completa las misiones en un teléfono. Esto es genial para entretener a los niños que de otra manera podrían encontrar la zona de *World Showcase* un poco aburrida.
• *Kidcot Fun Stops* - Diseñado para los miembros más jóvenes de su grupo, cada país presenta estas "paradas divertidas" con una variedad de actividades mientras recorren el *World Showcase*.

México

Gran Fiesta Tour Starring The Three Caballeros

Un lento paseo en barco a través de los clásicos paisajes mexicanos. Mientras admira el paisaje, José Carioca y Panchito (dos de los Tres Cabelleros) están en la búsqueda del Pato Donald.

Recomendamos este crucero si le apetece un paseo relajante que sea adecuado para familias, además de música divertida y animada. Es un poco como "it's a small world " pero solo para México.

Si | No | N/A | 8 mins | Menos de 10 mins

Mexico Folk Art Gallery
Esta galería presenta exposiciones temporales sobre México y su cultura.

Restaurantes
Choza de Margarita - Bar, No acepta PCD, las bebidas: $6-$15.50, los platos pequeños: $4-$15
La Cava del Tequila - Bar, No acepta PCD, las bebidas cuestan $14-$21
La Cantina de San Angel - Servicio rápido, acepta PCD, los platos principales: $9.50-$14.50.
La Hacienda de San Angel - Servicio de mesa, acepta PCD, solo cena, los platos principales: $21-$36
San Angel Inn Restaurante - Servicio de mesa, acepta PCD, los platos principales: $18-$38

Noruega

Frozen Ever After

Esta es una increíble aventura apta para toda la familia. Los invitados son transportados a la *'Winter in Summer Celebration'*, visite el Palacio de Hielo de Elsa y la Montaña Norte, junto con otros lugares, antes de regresar a la Bahía Arendelle.

Esta es una atracción absolutamente imprescindible. Reduzca al mínimo las esperas llegando aquí cuando el parque abra, o reserve el *Fastpass+* con mucha antelación.

Si | Si | N/A | 5 mins | 90 a 150 mins

Stave Church Gallery
Esta galería muestra artefactos noruegos. Muchos de estos detalles inspiraron a los escritores detrás de la exitosa película de Disney *'Frozen'*. Las exhibiciones cambian periódicamente.

Royal Sommerhus
Un encuentro divertido y bien tematizado con las hermanas de Frozen, Anna y Elsa.
Tiempo de espera promedio: 20 a 45 minutos

Restaurantes
Akershus Royal Banquet Hall - Buffet con personajes, acepta PCD, el desayuno cuesta $53 por adulto y $34 por niño, almuerzo y cena cuestan $63 por adulto y $41 para niños.
Kringla Bakeri Og Kafe - Refrigerios y Servicio Rápido, acepta PCD, los platos principales cuestan entre $8-$10

China

Wondrous China
'Wondrous China' es una película de 360 grados que lo inspira a visitar este fascinante país. A lo largo del viaje, puede esperar ver puntos de referencia como la Gran Muralla China. Este espectáculo es sólo de pie - no tiene sillas.

House of the Whispering Willows
Esta atracción de paseo presenta exposiciones temporales sobre China. La exhibición en el momento es el más reciente resort de Disney, Shanghai Disneyland.

Restaurantes
Joy of Tea - Refrigerios, No acepta PCD, sirve bebidas, postres y refrigerios, refrigerios: $4-$11
Lotus Blossom Café - Servicio Rápido, acepta PCD, los platos principales: $10-$11
Nine Dragons Restaurant – Servicio de mesa, acepta PCD, los platos principales cuestan entre $16-$25 en el almuerzo y $16-$34 en la cena

Alemania

Restaurantes
Biergarten Restaurant - Buffet, acepta PCD, las comidas para adultos cuestan $46 y para niños $28
Sommerfest - Refrigerios y Servicio Rápido, acepta PCD, las salchichas cuestan $10

Este pabellón sólo cuenta con una pequeña área exterior, pero contiene el enorme restaurante *Biergarten*. Hay tiendas aquí, pero no hay atracciones.

Italia

Disfrute de las oportunidades de tomar fotos, cenar y comprar. No hay atracciones aquí.

Restaurantes
Gelati - Refrigerios, No acepta PCD, los helados cuestan $7-$11
Tutto Gusto Wine Cellar - Bar, No acepta PCD, los pequeños platos cuestan $16-$32
Tutto Italia - Servicio de Mesa, acepta PCD, los platos principales cuestan entre $19-$36
Via Napoli Pizzeria - Servicio de Mesa, acepta PCD, pizzas individuales desde $23, y las pizzas grandes de tamaño familiar cuestan hasta $49. Otros platos: $23-$36

Japón

El pabellón de Japón es uno de nuestros favoritos. Es sereno, lleno de hermosas oportunidades de fotos, y realmente uno se siente transportado lejos de un parque temático concurrido. Parte de la razón de esto es que no hay ninguna atracción importante aquí. En su lugar, la mayoría del pabellón es una gran tienda que vende todo lo japonés, desde comida a pantallas de lámparas, y de perlas a libros de historietas.

Bijutsu-kan Gallery es una galería que presenta exhibiciones que cubren la historia japonesa, que cambian regularmente.

Restaurantes
Kabuki Café - Refrigerios, no acepta PCD, los refrigerios cuestan $5-$9
Katsura Grill - Servicio Rápido, acepta PCD, los platos principales: $9-$14
Takumi-Tei - Restaurante de alta cucina de autor, no acepta PCD, los platos principales: $40-$120. Un menú de degustación de 9 platos cuesta $180. Solo sirve cenas
Teppan Edo – Servicio de mesa, acepta PCD, los platos principales cuestan entre $24-$37 en el almuerzo y la cena
Tokyo Dining - Servicio de mesa, acepta PCD, los platos principales: $14-$34

The American Adventure

The American Adventure

Asegúrese de llegar al edificio mucho antes de la hora del espectáculo para el increíble coro a cappella *"Voices of Liberty"* que canta canciones patrióticas, así como clásicos de Disney antes de la mayoría de las actuaciones.

El espectáculo en sí mismo es un recuento de la historia de los Estados Unidos. Es educativo y con un buen ritmo, pero no emocionará a nadie.

No | No | N/A | 28 mins | Horarios programados

American Heritage Gallery
Esta galería presenta exposiciones temporales que cubren la historia estadounidense.

Restaurantes
Fife & Drum Tavern - Refrigerios, acepta PCD, las bebidas: $4-$14, los refrigerios: $5-$13.
Regal Eagle Smokehouse Inn - Servicio Rápido, acepta PCD, platos principales: $12-$19

Marruecos

El pabellón de Marruecos es impresionante e inmediatamente se destaca como uno de los pabellones de aspecto más auténtico. Desde los pequeños pasillos hasta la zona del mercado con vendedores ambulantes, todo parece muy real.

Gallery of Arts and History
Esta galería presenta exposiciones temporales que cubren la historia de Marruecos.

Restaurantes
Tangierine Café - Servicio Rápido, acepta PCD, los platos principales cuestan entre $11-$17
Restaurant Marrakesh – Servicio de mesa, acepta PCD, los platos principales cuestan entre $22-$36 (También hay un menú de 3 pasos por $55)
Spice Road Table - Servicio de mesa, acepta PCD, los platos principales: $25-$35, pequeños platos: $9-$13

Canada

Canada Far and Wide

Explora la maravilla de la amplitud de este hermoso país, desde las hermosas  No No N/A 13 mins 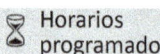 Horarios programados
montañas hasta las dinámicas ciudades. Este espectáculo es sólo de pie, ya que se presenta en visión circular de 360 grados.

Restaurantes
Le Cellier Steakhouse - Servicio de mesa, acepta PCD – Se requieren 2 créditos de servicio de mesa, los platos principales cuestan entre $34-$57

Francia

Remy's Ratatouille Adventure (Será inaugurado pronto)

Se espera que sea inaugurada en el verano de 2020, *Ratatouille* es una atracción para toda la familia. Aquí se sube a un 'ratamóvil' y viaja por las calles, los tejados y las cocinas de París en una atracción en 4D con pantallas de vídeo gigantes, aromas, efectos de agua y mucho más.

Cuando abra, esta atracción será la más nueva del parque y por lo tanto tendrá las esperas más largas - prevea esperas de más de dos horas casi todo el día.

La atracción ofrecerá *Fastpass+* y también puede tener una fila *Single Rider* (no confirmado).

Impressions de France / Beauty and the Beast Sing-Along

Este teatro presenta dos espectáculos - actualmente Impressions hasta las 7pm, y La Bella y la Bestia después.

Explore Francia a través de un vídeo cinematográfico en cinco pantallas que abarcan 220 grados con lugares conocidos en *Impressions de France*. Como alternativa, cante las canciones de *La Bella y la Bestia*.

No | No | N/A | 14 mins | Menos de 15 mins

Restaurantes
Chefs de France - Servicio de mesa, acepta PCD, los platos principales cuestan entre $22-$37
Monsieur Paul - Restaurante de mesa de alta cocina (requiere 2 créditos), acepta PCD, solo cena, los platos principales cuestan entre $41-$47. También hay dos menús de 3 pasos a $89.
L'Artisan des Glaces - Refrigerios, No acepta PCD, los helados cuestan $5-$12
Les Halles Boulangerie & Patisserie - Refrigerios y Servicio Rápido, los platos principales: $3-$11.
La Creperie de Paris - Servicio de mesa y Servicio Rápido. Apertura prevista en 2020.

United Kingdom

Tematizado en una pintoresca ciudad inglesa, siempre hay mucho que hacer aquí, desde el ambiente del pub hasta las reuniones y las actuaciones en el escenario. Hay, por supuesto, muchas tiendas para explorar. No hay atracciones en el Pabellón de Reino Unido.

Restaurantes
Rose & Crown Pub & Dining Room - Servicio de mesa, acepta PCD, los platos principales: $21-$27
Yorkshire County Fish Shop - Servicio Rápido, acepta PCD, las comidas cuestan $11.50
UK Beer Cart - Vende bebidas, No acepta PCD, bebidas alcohólicas: $10-$11

Más acerca de World Showcase

Transporte – World Showcase Boats
La vuelta completa a la *World Showcase Lagoon* (sin explorar ninguno de los países) es de 2 km, pero si desea atravesar de un lado a otro rápidamente, tome uno de los barcos. Los barcos salen del lado del *Future World* de la laguna y cruzan a los pabellones de Alemania y Marruecos.

Entrada a World Showcase
La entrada principal de Epcot es cerca de *Spaceship Earth* y *Future World*, pero el parque también cuenta con una entrada "trasera" que conduce a *World Showcase* al lado de los pabellones de Reino Unido y Francia. Es más utilizado por aquellos que se alojan en el *Boardwalk, Yacht and Beach Club*, y los resorts *Swan* y *Dolphin*, aunque cualquiera puede utilizarlo. Los barcos que van a los *Disney's Hollywood Studios* se encuentran en esta entrada.

Espectáculos en vivo

JAMMitors (Future World) – Conserjes usan sus herramientas para hacer música.

Mariachi Cobre (Pabellón de México) – Una banda folclórica mexicana.

Sahara Beat (Pabellón de Marruecos) – Danza y canto al ritmo de Marruecos.

The Jeweled Dragon Acrobats (Pabellón de China) – Esta compañía acrobática realiza piruetas.

Sergio (Pabellón de Italia) – Un malabarista del fútbol.

Voices of Liberty *(The American Aventure)* – *Voices of Liberty* deslumbran con sus increíbles voces, y canciones de toda la historia de EE.UU., así como las canciones de Disney.

Matsuriza (Pabellón de Japón) – Tambores tradicionales Taiko.

Serveur Amusant (Pabellón de Francia) – Los acróbatas franceses deslumbran con increíbles habilidades.

Rose & Crown Pub Musician (Pabellón de Reino Unido) – Todas las noches tocan música en vivo en el pub.

Bodh'aktan (Pabellón de Canadá) – Una música que combina el celta, el trad-quebecois, la polca, el punk, el folk irlandés, el bretón y el marítimo.

Groovin' Alps (Pabellón de Alemania) – Una banda de percusión alemana de alta energía. Este grupo trae los sonidos de las montañas a *Epcot* con melodías populares bávaras tocadas en objetos encontrados en una granja lechera.

Espectáculo Nocturno - HarmonioUS

2020 trae a Epcot un nuevo espectáculo nocturno: HarmonioUS.

Disney dice: "Este nuevo espectáculo celebrará cómo la música de Disney inspira a la gente de todo el mundo, y contará con enormes piezas flotantes, paneles LED hechos a medida, fuentes móviles coreografiadas, luces, pirotecnia y láseres".

Disney's Hollywood Studios

Disney's Hollywood Studios fue el tercer parque temático que se construyó en el Walt Disney World Resort y se inauguró en 1989. El parque está tematizado al Hollywood de los años 30 y 40. En 2019 recibió a más de 11,4 millones de visitantes, lo que lo convierte en el noveno parque temático más visitado del mundo, pero el menos visitado del Walt Disney World Resort.

Espectáculos en vivo

Citizens of Hollywood (Hollywood Boulevard) – Conozca a los personajes de Hollywood que presentan espectáculos llenos de diversión durante el día.

Fuegos artificiales – Este parque presenta fuegos artificiales estacionales y proyecciones.

Fantasmic – Fantasmic es el espectáculo nocturno de *Disney's Hollywood Studios*. El espectáculo combina personajes, proyecciones de pantallas de agua, fuegos artificiales, láseres, pirotecnia y más. No debe perderse y atrae a todas las edades.

Llegue temprano para conseguir los mejores asientos en el estadio al aire libre de 11.000 asientos. Si hay dos presentaciones en la misma noche, las multitudes serán más pequeñas en la segunda.

El área de asientos del *Fastpass+* ocupa la mitad de los asientos del estadio, así que asegúrese de llegar temprano incluso con una reservación de *Fastpass+* ya que no hay garantía de una gran vista.

En las épocas de menor demanda, '*Fantasmic*' solo funciona en noches seleccionadas.

Hollywood Boulevard

Mickey & Minnie's Runaway Railway

Mickey & Minnie's Runaway Railway es la nueva atracción del parque, que fue inaugurada en marzo de 2020.

La diversión comienza cuando usted ve el estreno de un nuevo corto de dibujos animados con Mickey y Minnie preparándose para un picnic. Al salir, conducen junto a un tren y descubren que el maquinista es Goofy. Entonces, un momento mágico les permite entrar en la película y subirse al tren de Goofy para dar un paseo alocado y disparatado.

Mickey & Minnie's Runaway Railway nos introducirá en el loco e impredecible mundo de un cortometraje de dibujos animados de Mickey Mouse en el que usted es la estrella y puede pasar cualquier cosa. Es una divertida atracción familiar.

| Si | No | No | 5 mins | 60 a 90 mins |

Restaurantes

The Hollywood Brown Derby – Servicio de mesa, acepta PCD, los platos principales cuestan entre $18 to $49, bebidas: $14-$17, pequeños platos: $11-$20

The Trolley Car Café - Starbucks, sirve bebidas y refrigerios, acepta PCD, las bebidas y los refrigerios cuestan $4-$6 cada uno

Sunset Boulevard

The Twilight Zone: Tower of Terror

Tower of Terror lo transporta a otra dimensión dejándolo caer a 60 metros – varias veces.

La atmósfera dentro de la atracción es verdaderamente inmersiva y contiene algunos de los mejores temas de todo Walt Disney World Resort.

El espectáculo previo en la cola es genial y realmente sentirás la tensión y la anticipación incluso antes de poner un pie en el propio vehículo de la atracción.

Los efectos antes de las caídas son increíbles, y realmente se siente como si su ascensor estuviera fuera de control. Las caídas son divertidas pero dan miedo. La adrenalina es increíble, y definitivamente vale la pena visitarlo.

FP Si | 📷 Si | 102 cm | 7 mins | 20 a 60 mins

Rock 'n' Roller Coaster: Starring Aerosmith

Rock 'n' Roller Coaster es una montaña rusa de alta velocidad que hará que su corazón se acelere.

Se subirá a una limusina y dará un paseo a alta velocidad por las colinas de Hollywood. Atravesará 4,5G y alcanzará velocidades de 96 km/h en 3 segundos.

Cada limusina está equipada con altavoces alrededor de su cuerpo. Hay bucles y el viaje es muy divertido.

Hay disponible una fila de *Single Rider*, que puede ahorrarle una cantidad significativa de tiempo.

 Si | Si | 122 cm | 2 mins | 40 a 85 mins

Lightning McQueen's Racing Academy

Vea un Rayo McQueen de tamaño real que le muestra su último simulador de carreras en este divertido espectáculo de 12 minutos. Es muy divertido para los fans de *Cars*.

Beauty and the Beast - Live on Stage

Entre en el mundo de Belle y Gastón para una versión en torbellino del clásico de Disney 'La Bella y la Bestia'. Este espectáculo es como entrar en una representación de Broadway con fantásticos decorados, vestuario y accesorios. Vale la pena verlo.

Restaurantes
Anaheim Produce - Refrigerios, acepta PCD, los refrigerios cuestan $6-$7
Catalina Eddie's - Servicio Rápido, acepta PCD, los platos principales cuestan entre $8-$11
Fairfax Fare - Servicio Rápido, acepta PCD, los platos principales cuestan entre $8-$13.50
Hollywood Scoops - Refrigerios, No acepta PCD, los helados cuestan $5.50-$7
Rosie's All-American Café - Servicio Rápido, acepta PCD, platos principales $10-$13.50
Sunshine Day Bar - Servicio Rápido, acepta PCD, los platos principales cuestan entre $4-$14

Animation Courtyard

Walt Disney Presents

Esta exposición detalla la fascinante vida de Walt Disney, desde sus humildes comienzos hasta su visión del Walt Disney World Resort años después.

A medida que avanza a lo largo de la línea de tiempo puede leer la información, ver videos y ver modelos del Disneyland original.

Incluso puede ver las últimas novedades de los parques temáticos de Disney en todo el mundo. Es una visión fascinante para los aspirantes a *Imagineers*.

Al final de la exposición podrá salir o ver un cortometraje de 18 minutos

No | No | N/A | 10 a 30 mins | N/A

que narra la historia de la vida de Walt Disney, todo ello narrado por el propio hombre.

El teatro se utiliza a menudo para mostrar amplios avances de películas de las próximas producciones de Disney y Pixar. Si este es el caso durante su visita, el avance de la película reemplazará a la película sobre Walt Disney.

Voyage of The Little Mermaid

Este espectáculo es una mezcla de actores en vivo, títeres y efectos de luz, láser

 Si No N/A 15 mins | Horarios programados

y lluvia que cuentan la historia de La Sirenita. **Advertencia**: El gran títere de Úrsula usado durante el espectáculo puede asustar a algunos niños pequeños.

Disney Junior Dance Party!

Con canciones pegadizas, marionetas y un ambiente agradable para los niños, Disney Junior está diseñado para los más pequeños de la familia que se inspira en los programas más populares de Disney Junior en la televisión, entre ellos "Mickey and the Roadster Racers," "Doc McStuffins," "The Lion Guard" y "Vampirina."

Star Wars Launch Bay

Esta es una exhibición de paseo con encuentros con personajes de *Star Wars*, accesorios de las películas y juegos para disfrutar. Es un paraíso para los fans de *Star Wars*.

Echo Lake

Star Tours - The Adventures Continue

Entre en un puerto espacial intergaláctico. Luego, subirá a su vehículo para un tour por uno de los muchos planetas — cada vez que experimente la atracción es diferente, ¡con más de 50 combinaciones de escenas diferentes!

Si usted es propenso a marearse, *Star Tours* debe evitarse, ya que es una experiencia de simulador de movimiento. Si desea una atracción más suave, pida que lo sienten en la primera fila, ya que los movimientos allí son menos bruscos.

Si | No | 102 cm | 5 mins | 15 a 45 mins

Jedi Training - Trials of the Temple

Para los aventureros más jóvenes, esta es la oportunidad de subir al escenario y blandir un sable láser y luchar contra el lado oscuro.

Desafortunadamente para los adultos, sólo los niños pueden participar en la experiencia y formar parte del espectáculo. Para los que no participan, el espectáculo sigue siendo entretenido de ver.

 No No N/A | 15 mins | Horarios programados

El entrenamiento Jedi se realiza varias veces al día en el escenario a la izquierda de *Star Tours*.

Indiana Jones Epic Stunt Spectacular

Vea a Indi y a sus amigos hacer algunos trucos que desafían a la muerte.

 Si No N/A | 30 mins | Horarios programados

Prepárese para los cambios de escenario, la interacción con el público y un final explosivo.

For the First Time in Forever: A "Frozen" Celebration

Mire un recuento de la historia de "Frozen" con los historiadores de Arendelle. A medida que la historia evoluciona, el espectáculo se convierte en un canto cada vez que aparece una canción.

 Si No | N/A | 25 mins | Horarios programados

Restaurantes
50's Prime Time Café - Servicio de Mesa, acepta PCD, los platos principales: $17-$28
Backlot Express - Refrigerios y Servicio Rápido, acepta PCD, los platos principales: $9-$14
Dockside Diner - Servicio Rápido, acepta PCD, los platos principales: $11-$13
Hollywood and Vine — Servicio de buffet, acepta PCD, el desayuno es de $42 por adulto y $27 por niño, el almuerzo es de $55 para adultos y $36 para niños
Tune-In Lounge - Bar, No acepta PCD, las bebidas cuestan $8 y más

Commissary Lane y Grand Av.

Muppet Vision 3D

Para los fans de los Muppets, esta es una atracción que no debe perderse: una experiencia 3D con efectos especiales en el teatro, acción en vivo y más.

 Si   No | N/A ⌄ 30 mins ⧗ Menos de 15 mins

> ### Restaurantes
> **ABC Commissary** - Servicio Rápido y Refrigerios, acepta PCD, los platos principales: $10-$16
> **Baseline Tap House** - Bar, No acepta PCD, pequeños platos $6-$11, también sirve bebidas
> **Sci-Fi Dine-In Theater Restaurant** – Servicio de mesa, acepta PCD, los platos principales: $17-$33
> **Mama Melrose's Ristorante Italiano** - Servicio de Mesa, acepta PCD, los platos principales: $19-$33
> **Pizzerizzo** - Servicio Rápido, acepta PCD, los platos principales: $10-$11. Abre por temporada.

Toy Story Land

Toy Story Midway Mania

Una de las atracciones más populares de Walt Disney World, *Toy Story Midway Mania* es una experiencia de tiro virtual interactiva en la que cada pasajero del vehículo recibe un arma para disparar a las pantallas interactivas con los personajes de *Toy Story*. En algunas escenas se disparan platos, en otras globos, con el objetivo de obtener la mayor cantidad de puntos.

Es una gran diversión para toda la familia.

 Si   No | None ⌄ 5 mins ⧗ 45 a 75 mins

Slinky Dog Dash

Slinky Dog lo invita a bordo de su pequeño pero poderos montaña rusa familiar. Disfrute de las vistas de los alrededores mientras recorre *Toy Story Land* en el *Mega Coaster Play Kit* que Andy ha ensamblado.

Este es una buena montaña rusa para niños.

Recomendamos una reserva *FastPass+* para facilitar la espera.

 Si   Si | 97 cm ⌄ 1 min 30 segs ⧗ 60 a 90 mins

Alien Swirling Saucers

Suba a un platillo volador impulsado por los Alienígenas Verdes.

Esta atracción es muy similar a las tazas de té en *Magic Kingdom*, pero con mayores fuerzas a medida que se cambia de dirección.

Diversión para (casi) toda la familia.

 Si   No | 81 cm ⌄ 1 min 30 secs ⧗ 40 a 60 mins

> ### Restaurantes
> **Woody's Lunch Box** - Servicio Rápido, acepta PCD, los platos principales cuestan entre $6-$8.50 en el desayuno y $9-$13 en el almuerzo y la cena.
> **Woody's Roundup BBQ** - Servicio de Mesa. Apertura en 2020.

Star Wars: Galaxy's Edge

Star Wars: Rise of the Resistance

Rise of the Resistance puede ser la atracción más increíble de Disney de siempre: es parte simulador, parte atracción y parte espectáculo.

En el momento de escribir este artículo, la atracción no ofrece ni una línea de espera ni reservas de *Fastpass+*. Para subir a la atracción, debe usar la aplicación *My Disney Experience* para conseguir un Grupo de Abordaje el día de su visita - puede hacerlo desde la hora oficial de apertura del parque dentro

 No   No 102 cm 18 mins  Grupos de abordaje

del parque. Deberá ser muy rápido, ya que los grupos de abordaje de todo el día desaparecen en segundos: los que tienen los dedos más rápidos pueden subir. Cada persona de su grupo debe intentarlo con sus teléfonos para aumentar sus posibilidades de conseguirlo.

Disney enviará una notificación a los usuarios de la aplicación cuando sea su turno de subir a la atracción: no se le dará una franja horaria para regresar si logra conseguir un grupo de abordaje.

Esperamos que cuando la demanda disminuya, la atracción utilizará la fila de espera normal y *Fastpass+*. El tiempo de recorrido de 18 minutos incluye varios espectáculos previos en la cola.

Millennium Falcon: Smugglers Run

Smugglers Run es un simulador interactivo, que es un poco como una versión actualizada de *Star Tours*.

En la fila, a cada visitante se le asigna un rol para su vuelo, ya sea un piloto, un artillero o un ingeniero. Luego, cuando

 Si   No 97 cm 5 mins 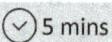 30 a 60 mins

suba a su vehículo de 6 plazas, asegúrese de estar alerta para escuchar lo que tendrá que hacer para dirigir su nave hacia la seguridad. A diferencia de un simulador normal, aquí sus acciones tienen consecuencias, así que si choca con el *Millennium Falcon*, ¡lo sabrá! Se encuentra disponible una fila *Single Rider*.

Además de una zona increíblemente detallada con muchas compras, restaurantes y las atracciones, puede disfrutar de las siguientes experiencias disponibles con un cargo adicional:
- **Savi's Workshop: Handbuilt Lightsabers** - En esta experiencia de 20 minutos, puede construir un sable de luz desde cero. Estos sables de luz son artículos de mejor calidad que los normales y no son realmente juguetes sino piezas de exhibición; y deberían serlo - este taller cuesta $200, más impuestos. Se recomienda hacer reservaciones.
- **Droid Depot** - Construye un droide a control remoto estilo BB o R. Seleccione sus piezas de una cinta transportadora, construya su droide y luego actívelo. La experiencia dura unos 20 minutos. El droide interactuará con las diferentes áreas de *Galaxy's Edge* a través de varios pitidos, luces y movimientos y reaccionará cuando vea otros droides. La experiencia del droide cuesta $100 - para añadir una mochila son $50 adicionales.

Restaurantes
Kat Saka's Kettle - Acepta PCD. Venden palomitas de maíz ($6.50), Refresco Orb ($5.50) y agua.
Ronto Roasters - Servicio Rápido. Acepta PCD. Sirve avena ($7), wraps ($12.50) y surtidos de snacks ($20). También sirve bebidas alcohólicas ($13-$15), y bebidas calientes y frías.
Docking Bay 7 Food and Cargo - Servicio Rápido. Acepta PCD. Sirve desayuno. El almuerzo y la cena incluyen estofado de res, costillas de cerdo y ensalada de pollo ($14-$19).
Oga's Cantina – Bar Cafetería. No acepta PCD. Sirve bebidas sin alcohol ($7-$13) y con alcohol ($17-$45) incluyendo Blue Milk, además de refrigerios.
Milk Stand – Puesto de refrigerios. Acepta PCD. Sirve refrigerios y Leche Azul y Verde como bebidas sin alcohol ($8) o con alcohol ($14).

Disney's Animal Kingdom Park

Disney's Animal Kingdom Park es el cuarto y más reciente parque temático de Walt Disney World Resort. Se inauguró el Día de la Tierra (22 de abril) en 1998. Es el parque de Disney más grande jamás construido. Es tan grande que podría caber en él todos los demás parques temáticos de Walt Disney World y tener espacio de sobra.

Animal Kingdom es en nuestra opinión el más bonito parque temático de Walt Disney World con una gran atención a los detalles. Sin embargo, el parque no posee demasiadas atracciones y puede ser "visto" en menos de un día.

Este es el sexto parque más visitado del mundo, con 13,9 millones de visitantes en 2019.

La zona del **Oasis** está situada a la entrada del parque y es un bosque. Lo sumerge en caminos sinuosos y una atmósfera impresionante desde el momento en que entra en el parque.

Oasis Exhibits son el hogar de animales exóticos situados a lo largo de los caminos de los jardines tropicales.

Accesible tanto desde el interior del parque, como desde el exterior se encuentra el **Rainforest Café** (Servicio de mesa, acepta PCD, platos principales $9-$16 en el desayuno, y $17-$37 en el almuerzo y la cena).

Espectáculos en vivo

Festival of the Lion King

Festival of The Lion King es nuestro espectáculo favorito en el Walt Disney World Resort y una verdadera celebración de las películas de *El Rey León*.

El show no sigue el argumento de una película, sino que incluye las mejores canciones interpretadas por profesionales en un tema inspirado en África. Esto es algo que no se puede dejar de hacer. Este espectáculo se presenta en el área de África del parque.

 Si No N/A 30 mins Horarios programados

Finding Nemo: The Musical

¡Este es un espectáculo al estilo de Broadway que nos ha convencido de que Encontrar a Nemo debería haber sido un musical todo el tiempo!

 Si No N/A 40 mins Horarios programados

El espectáculo tiene grandes decorados, trajes y actores. Tómense el tiempo para ver esta producción familiar.

Este espectáculo está ubicado en el área del parque de *Dinoland USA*.

Discovery Island

Esta es la zona central del parque que contiene el asombroso Tree of Life, y conduce a todas las demás tierras del parque.

Tree of Life

Descubra más de 320 animales tallados en este árbol de 44 metros, mientras camina a su alrededor. La atención al detalle es asombrosa, una verdadera obra maestra.

En los senderos de Discovery Island podrá encontrar nutrias, lémures, flamencos, canguros rojos, cigüeñas, tortugas y mucho más a través de estos paseos autoguiados.

Después del atardecer, quédese en el árbol de los "despertares" de la vida durante la noche.

It's Tough to be a Bug

El programa en 3D más malvado y asqueroso de Disney. Prepárese para ver cómo los humanos tratan a los insectos y luego pruebe su propia medicina. Incluso cuando crea que se ha acabado, ¡no lo hará! Esta atracción puede asustar a los adultos y aterrorice a los niños. No recomendamos hacer reservas de Fastpass+ ya que las colas para este espectáculo suelen ser muy cortas.

Si | No | N/A | 9 mins | Menos de 20 mins

Adventurers Outpost Meet and Greet

Tómese una foto con Mickey y Minnie con su equipo de safari en este lugar. Este es a menudo uno de los encuentros menos concurridos con Mickey en los cuatro parques.

 Si No | N/A | 1 a 2 mins | Menos de 30 mins

Winged Encounters – The Kingdom Takes Flight

Este espectáculo es un derivado del espectáculo de aves *'Up!'* del parque y se realiza frente al *Tree of Life*. Presenta diferentes tipos de guacamayos y da a los invitados la oportunidad de verlos de cerca.

Restaurantes

Creature Comforts - Starbucks, acepta PCD, las bebidas y los refrigerios cuestan $3-$6
Eight Spoon Cafe y **Isle of Java** - Refrigerios, No acepta PCD, $3-$7
Flame Tree Barbecue - Refrigerios y Servicio Rápido, acepta PCD, los platos principales: $11-$19
Nomad Lounge - Bar, No acepta PCD, los aperitivos: $9 a $18, el precio de las bebidas varía.
Pizzafari - Servicio Rápido, acepta PCD, los platos principales cuestan entre $10-$13.50
Tiffins - Servicio de mesa insignia, acepta PCD (requiere 2 créditos de servicio de mesa), los platos principales cuestan entre $30-$65.

DinoLand U.S.A.

Con el tema de una feria itinerante, DinoLand ofrece varias atracciones, así como los Fossil Fun Games (juegos de estilo de feria – con un costo adicional para jugar) y The Boneyard (un área de juego), además de las siguientes atracciones.

DINOSAUR

Este es un aterrador, ruidoso y turbulento viaje a través del pasado mientras se aventura en la búsqueda de un dinosaurio iguanodón.

Esta atracción es muy emocionante, con una gran narración y una historia inmersiva.

Es una divertida explosión al pasado pero probablemente asustará a los visitantes más jóvenes debido a la oscuridad y a los fuertes efectos de sonido usados en la atracción.

Si | Si | 102 cm | 3 mins | 20 a 45 mins

TriceraTop Spin

Esta es una atracción giratoria como la de *Dumbo* en *Magic Kingdom*, pero con el tema de los dinosaurios. Es divertido, pero nada revolucionario, y normalmente tiene filas cortas. Puede controlar la altura de su dinosaurio con una palanca. Ideal para los niños más pequeños.

No | No | N/A | 1 min 30 segs | Menos de 15 mins

Restaurantes
Dino-Bite Snacks - Refrigerios, no acepta PCD, sirve helados: $5.50-$8
Dino Diner - Refrigerios, No acepta PCD, sirve pasteles de papas fritas y perros calientes/de maíz a $8.50-$11
Restaurantosaurus - Servicio Rápido, acepta PCD, los platos principales: $10-$17
Trilo-Bites - Refrigios, no acepta PCD, sirve helados y shakes: $5-$6, y bebidas

Africa

Kilimanjaro Safaris

Atraviese la mayor sabana artificial del mundo, que abarca 44 hectáreas a bordo de *Kilimanjaro Safaris*.

Únase a su guía para un paseo en un camión estilo safari y acérquese a los animales más de lo que nunca pensó que sería posible en un parque temático.

Asegúrese de llevar su cámara, ya que es posible que vea hipopótamos, jirafas, monos, cebras, leones y mucho más en esta impredecible aventura. Realmente es diferente cada vez.

FP: Sí | Cámara: No | N/A | 20 mins | 30 a 60 mins

La fila para esta atracción es tediosa, así que le recomendamos que haga una reserva *FastPass+* si es posible.

Consejo principal: Los animales están más activos por la mañana, así que intente llegar a esta atracción temprano.

Gorilla Falls Exploration Trail

Vea gorilas, monos, suricatas, pájaros y más en este paseo autoguiado. Este es un cambio relajante de las largas esperas de muchas de las principales atracciones de este parque. Aquí podrá ver a los animales a su propio ritmo.

Wildlife Express Train

Este es un medio de transporte entre *África* y *Rafiki's Planet Watch*. Hay algunas cosas menores que ver a lo largo del camino y es un buen lugar para descansar unos minutos o para buscar refugio de la lluvia.

Restaurantes

Dawa Bar - Bar, No acepta PCD, las bebidas cuestan $9-$14
Harambe Fruit Market - Refrigerios, acepta PCD, las frutas cuestan $2-$6
Harambe Market - Servicio Rápido, acepta PCD, los platos principales cuestan entre $10-$13.50
Kusafiri Coffee Shop & Bakery - Refrigerios y Servicio Rápido, No acepta PCD, los platos principales cuestan entre $10.50-$11.50
Tamu Tamu Refreshments – Bebidas y postres, acepta PCD, los postres cuestan $6-$7
Tusker House Restaurant - Buffet, acepta PCD, el desayuno con personajes cuesta $42 por adulto and $27 por niño. El bufete de almuerzo y cena sin personajes tiene un precio de $55 por adulto, y $36 por niño.

Rafiki's Planet Watch

Para llegar a Rafiki's Planet Watch es necesario subir al Wildlife Express Train desde la zona de África del Parque.

Animal Exhibits

• **Habitat Habit!** - Aprende a proteger a los tamarinos de algodón en peligro de extinción en sus hogares naturales. Los huéspedes también aprenden a crear hábitats para los animales en sus propios hogares.

• **Conservation Station** - Vea los esfuerzos de conservación llevados a cabo por la Walt Disney Company y observe entre bastidores cómo se cuidan los animales en *Disney's Animal Kingdom*, incluyendo un vistazo a una sala de examinación.

• **Affection Section** - Esto es esencialmente un zoológico de mascotas con animales domésticos. A veces los miembros del equipo estarán presentes para contarle información sobre los animales de aquí.

It All Started with a Mouse

 No No N/A 20 mins Horarios programados

Los "embajadores animales" de *Conservation Station*, incluyendo ovejas, loros, puercoespines, aves de presa y cerdos Kunekune, ayudan a contar historias y a hacer apariciones en, alrededor e incluso por encima de la audiencia en este espectáculo.

Los miembros del equipo comparten información divertida sobre historia natural, mensajes de conservación y llamadas a la acción inspiradoras.

Después del espectáculo, pueden conocer a algunas de las estrellas del espectáculo y se les invita a capturar recuerdos únicos en la vida con muchas fotografías.

Asia

Expedition Everest - Legend of the Forbidden Mountain

Expedición Everest es un increíble viaje a través de la montaña prohibida, donde podrá ver al Yeti en su hábitat natural.

Esta es una atracción en la que es necesario ver la fila completa, ya que es increíble, ¡incluso se pasa a través de un museo del yeti mientras se espera!

Aparte de la gran caída que se ve fuera de la atracción, no hay más grandes caídas, pero hay algunas sorpresas en el camino. La atracción alcanza velocidades máximas de 80km/h. ¡Súbase, ¡es una de las mejores montañas rusas de Disney!

Si | Si | 112 cm | 3 mins | 30 a 70 mins

Maharajah Jungle Trek

Tome esta caminata autoguiada y vea dragones de Komodo, murciélagos frugívoros, pitones, tigres de Bengala, pájaros, ciervos, búfalos de agua y más. Esta es una visita obligada para los fanáticos de los animales y es el más emocionante e interesante de los senderos en nuestra opinión, aunque esto dependerá de qué animales prefiera ver.

Kali River Rapids

Esta divertida atracción acuática en balsa lo lleva a través del bosque. Se asegura de que todos se mojen al menos un poco. Sin embargo, una o dos personas saldrán empapadas.

Recomendamos hacer una reservación de *Fastpass+* ya que la fila de espera es lenta.

Hay casilleros gratuitos afuera de la atracción.

Si | No | 97 cm | 4 mins | 45 a 75 mins

UP! A Great Bird Adventure

Un espectáculo de pájaros como ningún otro con una historia divertida, una gama de pájaros y algunos trucos bastante impresionantes, así como Doug y Russell de la exitosa película 'Up!'.

La zona de asientos está cubierta, pero no cuenta con aire acondicionado.

Este espectáculo se presenta hasta 5 veces al día.

Restaurantes
Anandapur Ice Cream Truck - Snacks, no acepta PCD, los helados cuestan $5-$5.50.
Drinkwallah - Refrigerios y bebidas, bebidas: $3.50-$5.50, papas fritas y nueces: $3-$6.
Mr. Kamal's - Refrigerios, acepta PCD, empanadillas, hummus y papas fritas: $5-$6.
Warung Outpost - Refrigerios, no acepta PCD, vende pretzels ($7), papas fritas ($3) y bebidas
Thirsty River Bar and Trek Refrigerios - Bar y refrigerios, No acepta PCD, refrigerios: $3-$7
Yak & Yeti Local Food Cafes - Servicio Rápido, acepta PCD, los platos principales cuestan entre $9-$12 en el desayuno y $12-$15 en el almuerzo y la cena
Yak & Yeti Quality Beverages Lounge - Bar and snacks, No acepta PCD, los platos principales cuestan entre $12-$16 y las bebidas cuestan $4-$11
Yak & Yeti Restaurant - Servicio de Mesa, acepta PCD, los platos principales: $19-$32

Pandora: World of Avatar

Inspirado en la película más taquillera de todos los tiempos, Pandora: World of Avatar es el área más reciente de Animal Kingdom.

AVATAR: Flight of Passage

Flight of Passage es la atracción más popular de *Animal Kingdom*, y una de las atracciones más avanzadas tecnológicamente que Disney ha creado.

Este simulador de movimiento lo hace sentarse en la parte posterior de un *Banshee* (criatura voladora) y luego volar alrededor del mundo de Pandora con sus montañas, el agua y el paisaje.

A través de las gafas 3D, el vídeo de alta definición y todo tipo de técnicas sensoriales, será transportado a otro mundo, una experiencia inmersiva que no se puede perder.

Si | No | 112 cm | 5 mins | 120 a 180 mins

Los visitantes que le temen a las alturas o a las caídas simuladas pueden evitar este viaje.

Los vehículos de paseo son unidades individuales estilo motocicleta y pueden no admitir ciertos visitantes.

Prepárese para largas esperas durante todo el día. Venga aquí tan pronto como el parque abra si no consigue una reserva de un *Fastpass+*. En los días más ocupados, prevea una espera de hasta 4 horas.

Na'vi River Journey

Na'vi River Journey es la atracción más familiar de *Pandora*. Aquí se sienta en un barco de río y pasa tranquilamente el paisaje nocturno de la selva de *Pandora*.

Verá criaturas, plantas bioluminiscentes y otra vida forestal a su alrededor.

La parte más impresionante del paseo es cuando ve a un chamán tocando los tambores musicales - este es

Si | No | N/A | 5 mins | 60 a 90 mins

un animatronic increíblemente real (en la foto) que tiene que ser visto para ser creído. No hay momentos que deban asustar a los niños.

Restaurantes
Pongo Pongu - Bar y refrigerios, acepta PCD, los refrigerios: $3-11 y las bebidas: $4-$13
Satu'li Canteen - Servicio Rápido, acepta PCD, los platos principales: $12.50-$17

MyMagic+

MyMagic+ ayúdale a planificar unas vacaciones perfectas. MyMagic+ consiste en tres componentes principales: My Disney Experience, FastPass+ (que se trata en el siguiente capítulo) y MagicBands.

MyDisneyExperience

Este es un sitio web y una aplicación móvil que le permite:
• Obtener toda la información que usted necesita en un solo lugar; planificar tanto o tan poco, como usted desee.
• Realizar reservas para comer, *FastPass+* y otros
• Ver sus fotos en el parque, incluyendo las fotos de las atracciones
• Adquirir *Memory Maker* para recibir acceso a todas las fotos y videos de sus vacaciones
• Adquirir tickets del parque
• Ver mapas del parque
• Ver los tiempos de espera de las atracciones y las experiencias de encuentro con personajes

MagicBands

Los huéspedes de los hoteles de Disney tienen derecho a usar una *MagicBand* con RFID que une todas las características de *MyMagic+*.

La *MagicBand* se lleva en la muñeca durante las vacaciones. Le permite registrarse en Disney's *Magical Express*, abrir la puerta de la habitación del hotel de su resort Disney, pagar por la comida y la mercancía, usar Planes de Comidas Disney, realizar y usar reservas de *FastPass+*, usar el *Disney's Photopass*, tener fotos automáticas en las atracciones y entrar a los parques temáticos y acuáticos.

Las *MagicBands* se envían de 10 a 30 días antes de la llegada a las direcciones de los EE.UU., o al resort si su reserva se realiza dentro de los 10 días de la llegada. Los visitantes internacionales reciben su *MagicBand* al registrarse en el hotel.

Si no se hospeda en un hotel resort de Disney, puede comprar una *MagicBand* por $14.99 en las tiendas de Walt Disney World Resort, aunque las *MagicBands* no hacen mucho para los visitantes que no son huéspedes de un hotel de Disney excepto permitirle acceder a los parques y atracciones en lugar de usar su boleto de parque, y vincular las fotos y los videos a las cuentas de *PhotoPass* y *Memory Maker*.

MagicBands y eventos especiales:
Hay eventos fuera del horario normal del parque, y requieren un 'ticket físico' separado, como las fiestas de Halloween y Navidad de *Magic Kingdom*. Puede utilizar sus *MagicBands* durante los eventos.

Puede asociar su 'ticket físico' separado de admisión a su cuenta *My Disney Experience* introduciendo el

número de ticket en la página web o en la aplicación. Si compró el boleto en el sitio web de Disney, puede que descubra que ya se encuentra vinculado automáticamente. Esto le permite entrar al parque con una *MagicBand* en lugar de usar un boleto de papel.

El *Fastpass+* no se encuentra disponible durante los eventos con tickets físicos. Sólo se utilizan las líneas de fila de espera. *Touch to Pay, PhotoPass y Memory Maker* funcionan normalmente.

FastPass+

El Walt Disney World Resort ofrece un sistema gratuito de ahorro de tiempo, llamado FastPass+.

Cómo realizar reservas Fastpass+

Los pasos para hacer reservas de *FastPass+* son los mismos en el sitio web *My Disney Experience (MDE)*, la aplicación para smartphone o los puestos de *FastPass+* en el parque.

Antes de seguir este proceso, recuerde iniciar sesión y tener sus tickets para el parque y, si corresponde, una reserva de hotel de Disney, vinculada en el sitio web o en la aplicación (en un puesto del parque *simplemente* puede tocar su MagicBand).

• Haga clic en añadir *Fastpass*. Seleccione la fecha y el parque en el que estará para el día indicado.
• Seleccione una hora para sus reservas - mañana, tarde, noche o una hora personalizada.

o En *Magic Kingdom*, puede elegir tres experiencias distintas.
o En *Epcot*, *Animal Kingdom* y *Disney's Hollywood Studios* debe elegir una atracción del nivel 1 y dos del nivel 2. Hay más información sobre estos niveles más adelante.
• Se le presentará una lista de posibles franjas horarias de 1 hora para las atracciones.
• Se pueden hacer hasta tres reservas avanzadas de *FastPass+* por día para un parque temático.

En el parque, cuando sea el momento de usar su reserva *FastPass+*, simplemente preséntese en la atracción, espectáculo o fuegos artificiales y toque su *MagicBand* o el ticket del parque en la cabeza de Mickey del receptor de la entrada *FastPass+* para que un miembro del elenco le permita el acceso.

Durante su visita puede agregar y cambiar las reservas de *Fastpass+* yendo a un puesto de *FastPass+* o usando *MDE*.

¿Cuándo puedo hacer reservas FastPass+?

Hospedarse en el lugar:
Si se aloja en un hotel de Walt Disney World Resort, 60 días antes del comienzo de su viaje podrá realizar reservas de *FastPass+* para hasta tres experiencias para cada día de sus vacaciones en línea en el sitio web *MDE* (disneyworld.Disney.go.com/plan/) o a través de la aplicación MDE.

Hospedarse fuera del lugar:
Si no se hospeda en un hotel de Walt Disney World Resort, puede realizar reservas de *FastPass+* con hasta 30 días de anticipación, siempre y cuando haya comprado previamente sus boletos antes de comenzar su visita y los haya vinculado en el sitio web *MDE* (deberá registrarse para obtener una cuenta gratuita).

Más detalles:
Ya sea que se hospede en el lugar o fuera de él, wn ambos casos, podrá realizar reservas de FastPass+ a partir de las 7:00 a.m., hora del este, 30 o 60 días antes de sus vacaciones. Si no se registra a las 7:00 a.m. EST, es muy probable que se pierda algunas de las experiencias más populares de FastPass+.

Disney Club Level FastPass+ - Si usted está reservado en el nivel de club en un hotel de Disney, Disney le permite 3 reservas adicionales de *FastPass+* por día, además de la reserva de asientos en un espectáculo nocturno - por un adicional de $50 por persona por día. Estas reservas de *FastPass+* pueden realizarse 90 días antes de la llegada. Esto no es una buena relación calidad-precio en nuestra opinión, pero si tiene un tiempo muy limitado, esto puede tener sentido. Si no es así, simplemente siga los consejos de este capítulo.

Reservas FP+ "adicionales" el mismo día

Una vez que haya utilizado al menos una de sus reservas avanzadas de FastPass+, podrá hacer reservas "adicionales" en el parque. Estas "reservas adicionales" pueden realizarse a través de la aplicación *My Disney Experience* o en los puestos FastPass+ del parque.

Para estas reservaciones "adicionales", puede reservar cualquier atracción, espectáculo o lugar de observación en cualquiera de los parques temáticos siempre que haya espacios de reservación *FastPass+* – no tiene que estar presente dentro del parque en el que desea usar el *FastPass+* al hacer la reservación.

Por ejemplo, si ha pasado la mañana en el parque *Magic Kingdom* usando sus reservas de *FastPass+* y quería reservar una atracción *FastPass+* en *Epcot*, puede hacerlo incluso estando en *Magic Kingdom*. Sólo asegúrese de permitir suficiente tiempo de viaje.

Sólo se puede realizar una de estas reservas "adicionales" a la vez.

Una vez que su reservación "adicional" de *FastPass+* haya sido utilizada, puede hacer otra reservación de *FastPass+*. Puede repetir esto tantas veces como quiera hasta el final del día.

Cómo obtener esos Fastpasses 'difíciles de obtener'

Ingrese a la página *FastPass+* de *My Disney Experience* (la aplicación o el sitio web) exactamente a las 7:00 a.m., (hora del este), ya sea 30 días antes de su viaje (para los huéspedes que no son de Disney) o 60 días antes (para los huéspedes de Disney). Debe iniciar sesión con esta antelación para los *FastPass+* más populares.

Incluso estando registrado con tanta antelación, algunas reservas de FastPass+ son muy difíciles de conseguir - *Frozen Ever After, Seven Dwarfs Mine Train, Slinky Dog, AVATAR: Flight of Passage* y *Toy Story Midway Mania* son algunos buenos ejemplos.

Si no puede conseguir una reserva FastPass+ para una atracción en particular, hay una solución. Esta estrategia funciona tanto con reservas anticipadas de *FastPass+* como con las que se hacen el mismo día. Funciona en el sitio web, aplicaciones móviles y puestos de *FastPass+* en el parque.

Comprender el sistema: *My Disney Experience* busca los horarios de reservación de *FastPass+* para todos los miembros de su grupo al mismo tiempo.

Por ejemplo, si desea visitar *Toy Story Mania* y hay 4 personas en su grupo, el sistema buscará un espacio de tiempo para que 4 personas entren juntas. Si no puede encontrar un espacio para 4 personas, dirá que no hay disponibilidad.

Sin embargo, si busca un espacio para sólo 2 o 3 personas, puede encontrar disponibilidad.

Esto significa que debe buscar una reserva para un número menor de personas que las que están en su grupo primero. Luego, una vez que haya confirmado esa reserva, busque otra reserva para el resto de los miembros de su grupo.

Con un poco de suerte, los tiempos de reserva se superpondrán y podrán viajar todos juntos. Si no se superponen, tomen las reservas de *FastPass+* de todos modos y traten de modificar los tiempos más tarde.

Listado de experiencias de Fastpass+

Un asterisco (*) junto al nombre de una atracción significa que es una la principal opción para elegir como reserva de *FP+*.

Magic Kingdom:
- Big Thunder Mtn Railroad
- Buzz Lightyear's Space Ranger Spin
- Dumbo the Flying Elephant
- Enchanted Tales with Belle
- Haunted Mansion
- "it's a small world"
- Jungle Cruise
- Mad Tea Party
- Meet Ariel at Ariel's Grotto
- Meet Cinderella
- Meet Rapunzel
- Meet Mickey Mouse
- Meet Tinker Bell
- Mickey's Philharmagic
- Monsters Inc. Laugh Floor
- Peter Pan's Flight*
- Pirates of the Caribbean
- Seven Dwarfs Mine Train*
- Space Mountain*
- Splash Mountain*
- The Barnstormer
- The Magic Carpets of Aladdin
- The Many Adventures of Winnie the Pooh
- Tomorrowland Speedway
- Under the Sea: Journey of the Little Mermaid

En Magic Kingdom puede elegir cualquier combinación de experiencias. En Epcot, Animal Kingdom y Hollywood Studios elige una atracción de nivel 1 y dos de nivel 2.

Epcot:
Nivel 1 (Elija una atracción):
- Frozen Ever After*
- HarmonioUS
- Remy's Ratatouille Adventure (anticipado)*
- Soarin'*
- Test Track*

Nivel 2 (Elija dos atracciones):
- Disney & Pixar Short Film Festival
- Journey into Imagination with Figment
- Living with the Land
- Mission: SPACE*
- Spaceship Earth
- The Seas with Nemo & Friends
- Turtle Talk with Crush

Disney's Hollywood Studios:
Nivel 1 (Elija una atracción):
- Mickey & Minnie's Runaway Railway*
- Millennium Falcon: Smugglers Run*
- Slinky Dog Dash*

Nivel 2 (Elija dos atracciones):
- Alien Swirling Saucers
- Beauty and the Beast - Live on Stage
- Disney Junior Dance Party!
- Fantasmic!
- For the First Time in Forever: A Frozen Sing-Along Celebration
- Indiana Jones Epic Stunt Spectacular!
- Muppet*Vision 3D
- Rock 'n' Roller Coaster
- Star Tours
- The Twilight Zone Tower of Terror
- Toy Story Midway Mania!*
- Voyage of the Little Mermaid

Disney's Animal Kingdom:
Nivel 1 (Elija una atracción):
- Avatar Flight of Passage*
- Na'vi River Journey*

Nivel 2 (Elija dos atracciones):
- Adventurers Outpost
- Dinosaur
- Expedition Everest*
- Festival of the Lion King
- Finding Nemo: The Musical
- It's Tough to be a Bug
- Kali River Rapids*
- Kilimanjaro Safaris
- Up! A Great Bird Adventure

Estrategias de recorrido

Es imperativo que se presente en los molinetes del parque al menos 30 minutos antes de la hora oficial de apertura del parque, con su boleto, para aprovechar al máximo estas estrategias.

Consejo principal 1: Los parques temáticos permiten el ingreso a los visitantes regularmente hasta 45 minutos antes de la hora de apertura publicada, con atracciones selectas abiertas. Estar en la entrada del parque temprano le permite aprovechar esta 'Entrada temprana secreta'.

Consejo principal 2: Mientras se encuentre en una fila de espera a la hora de cierre de un parque temático, podrá experimentar la atracción, no importa lo larga que sea la espera. Por ejemplo, son las 9:59pm y *Magic Kingdom* cierra a las 10:00pm y la espera para *Space Mountain* es de 25 minutos. Colóquese en la fila ahora y se le permitirá subir a la atracción aunque lo haga después de la hora oficial de cierre del parque.

Consejo principal 3: Si desea subir a una de las principales atracciones sin una reserva *FastPass+*, no lo intente en un día con *Extra Magic Hours (EMH)* matutino ya que los parques se encuentran mucho más ocupados de lo que estarían de otra manera. Debe evitar estos días especialmente si no tiene acceso a *EMHs* ya que el parque estará ocupado antes de que usted ingrese.

Magic Kingdom

Gran emoción:
Las reservas de *FastPass+* deben realizarse para Peter *Pan's Flight, Seven Dwarfs Mine Train* y *Jungle Cruise*.

Si no puede obtener una reserva avanzada de *FastPass+* para *Seven Dwarfs Mine Train*, vaya allí primero y luego continúe con el siguiente paso.

Si tiene una reserva de *Seven Dwarfs Mine Train*, lo primero que debe hacer en la apertura del parque es ir a las tres 'montañas' en el siguiente orden: *Space Mountain, Big Thunder Mountain* y *Splash Mountain*. A menudo se puede hacer todo esto dentro de la primera hora de la apertura del parque. Más tarde en el día, estas a menudo tendrán esperas de dos horas cada una en los días pico.

Después de las 9:30pm (asumiendo que *Happily Ever After* se presenta a las 10:00pm), la mayoría de las atracciones tendrán una fila de 10 minutos o menos – *Under the Sea, Buzz Lightyear* y *Winnie the Pooh* son tres ejemplos de atracciones que tienen esperas de alrededor de 60 minutos durante la mayor parte del día, pero que no tienen esperas por la noche. Lo mismo se aplica a *Peter Pan's Flight*, que no suele tener una espera de más de 20 minutos a estas horas de la noche (a pesar de lo que puede ser anunciado como el tiempo de espera).

En espectáculos como *Carousel of Progress, Monsters Inc. Laugh Floor, Mickey's Philharmagic, Country Bear Jamboree* y *Enchanted Tiki Room*, nunca debe esperar más de 15 minutos. Si el tiempo de espera es mayor, vuelva más tarde.

Los favoritos de los niños:
Haga sus reservas de *FastPass+* para *Seven Dwarfs Mine Train, Jungle Cruise* y *Enchanted Tales with Belle*. Aquellos que esperan conocer a las princesas en el *Fairytale Hall* deberían hacer de este su más importante reserva de *Fastpass+* (sustituyendo a *Jungle Cruise*). Compruebe el requisito de altura para *Seven Dwarfs Mine Train*.

En la apertura del parque, deberá dirigirse a *Peter Pan's Flight* primero siguiendo a *The Barnstormer, Winnie the Pooh* y *Under the Sea*. Normalmente se pueden hacer estos cuatro paseos dentro de los primeros 60 minutos de la apertura del parque, siempre que se mantenga el ritmo. Recorra *Fantasyland* a su manera.

El tiempo de espera *"it's a small world"* raramente excede los 25 minutos, por lo que se puede hacer en cualquier momento del día; lo mismo se aplica a todos los espectáculos.

Epcot

Frozen Ever After es el paseo de Epcot más reciente y con la popularidad de *Frozen* tan intensa como siempre, este paseo suele tener la espera más larga del parque. Cuando se abre *Ratatouille*, esperamos que tenga el mayor tiempo de espera. Debe hacer una reserva FastPass+ para *Frozen* o Ratatouille. Montará el otro al final del día.

Test Track es la próxima atracción más popular de este parque. Deberá ir aquí primero tan pronto como el parque abra.

Luego, diríjase a *Soarin'*, y finalmente a *Mission: Space*. Esto implicará mucho ir y venir, pero es el mejor uso de su tiempo.

Alternativamente, si le parece bien dividir su grupo, suba primero a *Soarin'* y seguido por *Test Track* en la fila *Single Rider*.

Las filas para *Spaceship Earth* son enormes al principio del día pero por la tarde esta atracción no tiene espera, por lo que conviene subirse más tarde en el día.

The Seas with Nemo and Friends, Journey into Imagination with Figment y *Living with the Land* muy rara vez tienen esperas de más de 20 minutos. Si la espera es más larga que esta para cualquiera de estas atracciones, entonces vuelva más tarde en el día.

Disney's Hollywood Studios

Intente y consiga un Grupo de Abordaje para *Star Wars: Rise of the Resistance* utilizando el proceso descripto en la página 80.

Asumiendo que tiene una reservación de FastPass+ para *Slinky Dog* o *Mickey and Minnie's Runaway Railway*, en la apertura del parque, debería subir a cualquier atracción para la cual no tenga un *Fastpass*. Luego, suba a *Toy Story Midway Mania*.

Trate de evitar visitar este parque en un día en el que tiene *Extra Magic Hours* matutinas si no se hospeda en un hotel de Disney.

Después de *Midway Mania*, suba a *Rock 'n' Roller Coaster* y *Tower of Terror*.

La mayoría de las otras atracciones son espectáculos - debe estar allí por lo menos 20 minutos antes de que comiencen para conseguir un buen asiento.

Voyage of the Little Mermaid a veces tiene esperas de más de 30 minutos. Si este es el caso, vuelva más tarde. El espectáculo se desarrolla de forma continua durante todo el día – no debería tener que esperar más que hasta que comience el siguiente espectáculo (cada 20 minutos más o menos).

El tiempo de espera de *Star Tours* fluctúa a lo largo del día, pero no debería tener que esperar más de 20 minutos para esta atracción.

Disney's Animal Kingdom

Lo ideal sería tener una reserva FastPass+ para *AVATAR: Flight of Passage*. De ser así, diríjase a *Na'vi River Journey*. Si no, diríjase directamente a *AVATAR: Flight of Passage* cuando abre el parque - excepcionalmente debe estar en las puertas del parque al menos 1 hora antes de la apertura (no 30 minutos como en los otros parques). Entonces siga el siguiente plan - deje *Na'vi River Journey* para el final del día.

Expedition Everest debería ser su siguiente paseo, seguida por *Kilimanjaro Safaris* (¡los animales están más activos por la mañana!) y luego *Kali River Rapids*.

En días muy calurosos, las filas de espera para *Kali River Rapids* son muy largas desde las 11:00am en adelante. Si es una prioridad para usted, realice una reserva FastPass+.

El tiempo de espera para *DINOSAUR* fluctúa a lo largo del día pero no debería esperar más de 20 minutos. Si la espera es más larga, vuelva más tarde – o hágalo cuando el parque está por cerrar.

Todo lo demás son espectáculos; simplemente preséntese 15 o 20 minutos antes de la hora prevista de inicio.

Parque Acuático Blizzard Beach
Información básica

- Las colchonetas, los flotadores y los dispositivos de flotación son gratuitos.
- Los asientos y las cabañas pueden ser reservados con un costo.
- La entrada a *Blizzard Beach* cuesta $69.03 para adultos y $62.84 para niños, incluyendo impuestos.
- Se pueden alquilar casilleros por entre $10 y $15. Las toallas pueden ser alquiladas por $2 cada una.
- Los niños en edad de usar pañales deben usar pantalones de goma ajustados sobre sus pañales, o pañales especiales para nadar.

Green, Red y Purple Slopes

Summit Plummet – Los visitantes deben ser de 1.22m o más altos para subir. Esta es la principal atracción del parque y, con 36 m de altura, es uno de los toboganes de caída libre más altos y rápidos del mundo. Puede alcanzar velocidades de hasta 96 km/h.

Teamboat Springs – El "paseo familiar en balsa de aguas rápidas" más largo del mundo, con 427 m de longitud. Los visitantes suben a una gran balsa azul con manijas y espacio para cuatro o seis personas.

Slush Gusher – Debe ser de 1.22 m o más altos para subir. Este tobogán alcanza velocidades de hasta 55 km/h.

Runoff Rapids – Son una serie de toboganes de tubo de 180 m, dos al aire libre y uno cerrado. Hay múltiples toboganes, pero no se puede hacer carreras ya que todos los toboganes tienen diferentes longitudes. El acceso a esta atracción es sólo a través de escaleras.

Downhill Double Dipper – 1.22m o más altos para subir. Un tobogán de carreras con puertas automáticas.

Snow Stormers – Este es un tobogán donde los invitados se tumban boca abajo en una alfombra estilo tobogán. Tiene 3 tubos y cada uno de ellos mide 100 m de largo.

Toboggan Racers – 8 carriles idénticos, cada uno de 75 m de largo. Los invitados se alinean y esperan la señal, luego se empujan, y ven quién llega más lejos, más rápido.

Ground Level

The Chairlift – Un viaje de ida desde Ground Level hasta la cima del Mount Gushmore. Los visitantes deben medir por lo menos 0.81 m de altura para subir. Para subir solos, por lo menos 1.22m de altura.

Cross Country Creek – Este es un río artificial que rodea todo el parque, con un total de 900 m. Toma de 20 a 30 minutos para un circuito completo.

Melt-Away Bay – Una piscina de olas de un acre con olas cortas y constantes.

Tike's Peak – Versiones infantiles de algunas de los toboganes más grandes. Los visitantes deben ser de 1.22m de alto o más bajos.

Ski Patrol Training Camp – *Cool Runners* es una zona de flotadores, *Freezin' Pipe Springs* es un tobogán corto y *Fahrenheit Drops* es una atracción que deja caer a los visitantes que miden menos de 1,52 m de altura en aguas de 2,6 m de profundidad.

Restaurantes

Avalunch - Refrigerios y Servicio Rápido, acepta PCD, los platos principales:$10-$11
Cooling Hut - Sándwiches, refrigerios, postres y bebidas, acepta PCD, los precios: $4-$11
Frostbite Freddy's Frozen Freshments - Refrigerios, No acepta PCD, $4.50-$12
I.C. Expeditions - Refrigerios, No acepta PCD, los refrigerios cuestan $4.50-$14
Lottawatta Lodge - Refrigerios y Servicio Rápido, acepta PCD, $8.50-$11
Mini Donuts - Refrigerios, rosquillas y bebidas, No acepta PCD, las rosquillas: $5-$10
Polar Pub - Bar, sirve bebidas alcohólicas y sin alcohol, No acepta PCD, $3-$11
Warming Hut - Refrigerios y sándwiches, Servicio Rápido, acepta PCD, $9-$11

Parque Acuático Typhoon Lagoon

Escuela de Surf

La piscina de olas de *Typhoon Lagoon* es el lugar perfecto para aprender a surfear. Varias escuelas de surf son proporcionadas. Estas funcionan en fechas seleccionadas muy temprano en la mañana.

Las clases son de hasta 13 personas con 2 instructores, y tienen un precio de $190 por persona (impuestos incluidos). Se proporcionan tablas de surf.

Debido a la hora de inicio temprano, no hay transporte regular de hotel disponible, pero los autobuses de los hoteles de los centros turísticos funcionan hasta el momento en que la clase termina. Reserve hasta con 90 días de antelación llamando al 407-WDW-PLAY.

Mount Mayday y Hideaway Bay

Humunga Kowabunga – Los visitantes deben ser de 1.22m o más altos para subir. Alcanza velocidades de hasta 62 km/h en cada uno de los tres "toboganes de velocidad".

Gangplank Falls – Un tobogán familiar con flotadores conectados para 4 personas.

Storm Slides – Tres toboganes que giran y giran llevando usted a una piscina de chapoteo en l final.

Mayday Falls – Un tobogán que crea la sensación de estar en "rápidos agitados".

Keelhaul Falls – Un tobogán de tubos que se desliza en espiral a través de una cascada y una cueva.

Crush n' Gusher – Los visitantes deben ser de 1.22m o más altos para subir. Un tobogán acuático estilo montaña rusa con balsas para una o tres personas disponibles – aquí se va tanto cuesta abajo como cuesta arriba con la ayuda de chorros de alta presión.

Miss Fortune Falls – Suba a bordo de esta excitante atracción familiar para espiar los preciosos artefactos del tesoro recogidos por *Captain Mary Oceaneer*.

Typhoon Lagoon y Creeks

Typhoon Lagoon Surf Pool – Esta es la piscina de olas exterior más grande del mundo. Alterna entre olas de 1,80 m de altura para surf, lanzadas a intervalos de 90 segundos durante 90 minutos, seguidas de pequeñas olas que se balancean durante 30 minutos. Las olas están diseñadas para que sean pequeñas cuando lleguen a la orilla.

Un pizarrón en el borde de la playa indica el programa de olas del día.

Bay Slides – Varios toboganes para niños pequeños. Los visitantes deben ser de 152 cm o menos para subir.

Castaway Creek - Un río artificial de 640 m de largo que serpentea a través de un exuberante paisaje alrededor de todo el parque. Se proporcionan flotadores y un circuito toma de 20 a 30 minutos.

Ketchakiddee Creek - Un área de juego para los niños más pequeños con chorros de agua y una pequeña playa de arena. Los visitantes deben ser de 122 cm o menos para subir a los pequeños toboganes de esta zona.

Restaurantes
Happy Landings Ice Cream - Refrigerios, No acepta PCD, los postres cuestan $4.50-$14
Leaning Palms - Refrigerios y Servicio Rápido, acepta PCD, los platos principales: $7.50-$13
Let's Go Slurpin' - Bar, No acepta PCD, las bebidas cuestan $6-$13
Lowtide Lou's - Refrigerios y Servicio Rápido, acepta PCD, los platos principales: $10-$11
Snack Shack - Refrigerios, No acepta PCD, los refrigerios cuestan $9.50-$11.50
Typhoon Tilly's - Refrigerios y Servicio Rápido, acepta PCD, $9.50-$11

Disney Springs

Disney Springs es una emocionante zona de restaurantes, teatros y tiendas.

Disney Springs bordea la orilla sur del lago Village en la parte este-central del Walt Disney World Resort. El estacionamiento en *Disney Springs* es gratuito. El valet parking tiene un precio de $20.

Disney tiene autobuses que van y vienen de *Disney Springs* desde todos los hoteles de Disney. Además, hay autobuses de los parques temáticos a *Disney Springs* desde las 4:00 pm, pero no desde *Disney Springs* a los parques temáticos para evitar que los huéspedes se estacionen aquí en forma gratuita y se dirijan a los parques temáticos. Para ir de *Disney Springs* a un parque temático se debe ir a través de un hotel.

Hay transporte en barco a través de *Disney Springs* si no desea caminar.

Los bares y restaurantes tienen horarios de apertura y cierre variados, pero suelen estar abiertos entre las 10:30am y las 11:30pm (en algunos lugares abren hasta las 8:30am para el desayuno). Las tiendas están generalmente abiertas de 10:00am a 11:00pm de lunes a viernes, y de 10:00am a 11:30pm los fines de semana. Algunos lugares abren más tarde.

Entretenimiento

Amphicars – Puede disfrutar de una visita guiada tanto por tierra y por agua. El precio es de $125 para hasta 3 personas con su capitán personal. Disponible desde las 10:00 a.m. hasta las 10:00 p.m. Diariamente.
Bibbidi Bobbidi Boutique – Un salón mágico para transformar a sus hijos en pequeñas princesas y príncipes. Los precios van de $20 a $450, más impuestos. Para edades de 3 años en adelante.
Disney's Photopass Studio – Añada sesiones de fotos de estilo profesional a su cuenta PhotoPass sin coste adicional.
Marketplace Carousel – Un pequeño carrusel.
Paradiso 37 Entertainment – Entretenimiento en vivo por las noches.
Raglan Road Live Music – Música en vivo de inspiración irlandesa fuera del local.

Cirque Du Soleil - Drawn to Life

Disney describe el nuevo espectáculo, que se estrenará en 2020: "Este nuevo espectáculo sigue la historia de Julie, una chica valiente y decidida que descubre un regalo inesperado dejado por su difunto padre: una pieza de animación sin terminar. Guiada por un sorprendente lápiz, se embarca en una inspiradora búsqueda salpicada de sus recuerdos de infancia en Disney. A través de este viaje, aprende a imaginar nuevas posibilidades y a animar la historia de su futuro".

AMC Movies

24 pantallas de cine, con asientos estilo estadio en 18 salas para una visión sin obstrucciones. Incluye seis salas *'Fork & Screen'* con cena.

House of Blues

Música en vivo todas las noches, incluyendo blues, jazz, country y rock. También es el hogar del famoso *Gospel Brunch* los domingos.

Splitsville

Una pista de bolos de estilo retro con la música, la comida y el entretenimiento.

Aerophile - Balloon Flight

Un icónico globo amarrado que envía a los huéspedes a elevarse a 120 m en el cielo, ofreciendo impresionantes vistas del Walt Disney World Resort.

THE VOID: Step Beyond Reality

Combinando tecnología de realidad virtual de última generación, escenarios físicos y efectos multisensoriales—incluyendo tacto y olfato— THE VOID los invita a convertirse en participantes activos en entornos temáticos únicos.

Rodeado de imágenes y sonido en 3D en una historia inmersiva, podrá caminar libremente sin restricciones mientras explora un nuevo y excitante mundo.

En el momento de escribir este libro se ofrecen experiencias de *Star Wars* y *Ralph el Demoledor*. El precio es de $40 por persona. Los visitantes deben ser de 122 cm o más altos y tener al menos 10 años de edad.

NBA Experience

El espacio de última generación contiene juegos interactivos y concursos, experiencias inmersivas, una tienda y un restaurante contiguo.

Restaurantes

Todos los siguientes locales de comida aceptan el Plan de Comida de Disney, a menos que se indique lo contrario. Los precios indicados son por un plato principal.

Bares

- **Dockside Margaritas** – no acepta PCD, las bebidas alcohólicas: $8-$17
- **Jock Lindsey's Hangar Bar** – no acepta PCD, los aperitivos cuestan $10-$12. Las cócteles cuestan $12- $19.
- **Rainforest Café Lava Lounge** – los aperitivos cuestan $11-$21, las cócteles comienzan en $11.
- **Stargazers Bar** – no acepta PCD, los aperitivos: $7-$11, las bebidas: $7-$110.

Servicio Rápido

- **Blaze Fast-Fire'd Pizza** – Pizzas deliciosas listas en 3 minutos, $8-$10.
- **Cookes of Dublin** – Comida irlandesa, $12-$15
- **D-Luxe Burger** – Comida estadounidense, $10-$14.
- **Earl of Sandwich** – sándwiches, ensaladas y wraps: $6-$8.50.
- **Food Truck Park** – camiones de comida de Disney con comida inspirada en los parques. $86 a $13.
- **Morimoto Asia Street Food** – Cocina pan-asiática, $6-$14.
- **Pepe by José Andrés** – sándwiches, $8-$14.
- **Pizza Ponte** – Pizzas deliciosas, pizzas cuestan $7-$8 por rebanada o $9-$10 por un sándwich.
- **The Polite Pig** – Los modernos sabores de la barbacoa estadounidense, $11-$22.
- **The Smokehouse at House of Blues** – Comida estadounidense, $6-$14.
- **Wolfgang Puck Express** – $9-$20 en el almuerzo y la cena. Desayuno: $8-$14.

Servicio de Mesa

- **AMC Disney Springs 24 Dine-In Theatres** – no acepta PCD, $11-$18.
- **The Boathouse** – Estilo estadounidense, $13-$50. Ofrece una experiencia gastronómica de lujo.
- **Chef Art Smith's Homecomin'** – Los favoritos del sur. En el almuerzo y la cena: $18 y $30. En el brunch: $18-$26.
- **City Works Eatery & Pour House** – Bar de deportes. Brunch: $15-$22. almuerzo y cena: $17-$29.
- **The Edison** – Temática de una central eléctrica de los años 20. Comida estadounidense, cócteles artesanales y entretenimiento en vivo. $18-$24 en el almuerzo y $20-$38 en la cena. Los visitantes deben ser de al menos 21 años de edad para entrar después de las 10:00 p.m.
- **Enzo's Hideway** – Comedor de estilo italiano. $24-$43. Los domingos por la noche, una fiesta familiar tiene un precio de $45 por adulto y $19 por niño.
- **Frontera Cocina** – Comida estadounidense y mexicana, $19-$38.
- **House of Blues** – Comida estadounidense, $16-$42.
- **Jaleo by José Andrés** – Tapas. Entre $10 y $37.
- **Maria & Enzo's** – Cocina Italiana, brunch: $17-$46 ; almuerzo y cena: $24-$46 .
- **Morimoto Asia** – Cocina pan-asiática, comida de autor, $19-$32. El menú más liviano 'tarde en la noche' cuesta $13-$17.

- **Paddlefish** – Comida marina, $17-$65.
- **Paradiso 37** – $17-$38.
- **Planet Hollywood** – Comida estadounidense, $16-$30.
- **Rainforest Café** – Comida estadounidense, $17-$37.
- **Raglan Road Irish Pub and Restaurant** – Comida irlandesa, almuerzo: $12-$24, cena: $14-$29, brunch: $14-$22.
- **Splitsville Dining Room** – Comida estadounidense, $12-$26.
- **STK Orlando** – Rooftop Steakhouse, no acepta PCD. Almuerzo: $11-$75, Cena: $21-$253, brunch: $11-$74.
- **T-REX** – Comida estadounidense, $18-$30.
- **Terralina Crafted Italian** – no acepta PCD, $14-$44.
- **Wolfgang Puck Bar & Grill** – Comida mediterránea, $17-$24.
- **Wine Bar George** – Bar con comida, No acepta PCD, los platos principales: $13-$72, las bebidas: $9-$60.

Alimentos, bebidas especiales y refrigerios

- **Amorette's Patisserie** – no acepta PCD. Productos de pastelería, tortas y crepes. $70$75.
- **AristoCrêpes** – Crepes:$7-$9
- **B.B. Wolf's Sausage Co.** – Refrigerios de salchichas: $9.50-$14
- **The Daily Poutine** – Comida canadiense, $10.
- **Disney's Candy Cauldron** – Dulces, caramelos y chocolates.
- **Erin McKenna's Bakery NYC** – $2-$10.50.
- **The Ganachery** – El sueño de los amantes del chocolate.
- **Ghirardelli Soda Fountain** – Los postres: $6-$13, las bebidas: $5-$9.

- **Goofy's Candy Co.** – Un surtido de caramelos, galletas, chocolates, bebidas congeladas y más.
- **Joffrey's Coffee & Tea Co.** – Bebidas: $3.50-$6. Bebidas alcohólicas: $12.
- **Sprinkles** – Cupcakes, no acepta PCD, cupcakes: $5-$6, galletas: $3.50.
- **Starbucks** – Bebidas: $3-$6.
- **Vivoli il Gelato** – Helados: $5.50-$7.50, batidos: $10-$12.50. Sirve paninis, espressos y helados.
- **Wetzel's Pretzels** – $6-$10.
- **YeSake** – $5.50-$10.

Tiendas

Ropa de moda y deportiva
American Threads, Anthropologie, Columbia, DisneyStyle, Everything But Water, Fit2Run, francesca's, Free People, JOHNNY WAS, kate spade new york, LACOSTE, Levi's, Lilly Pulitzer, Lucky Brand, lululemon, NBA Store, Pelé Soccer, Shore, Stance, Superdry, Tommy Bahama, Tren-D, Under Armour, UNIQLO, Volcom and ZARA.

Juguetes y juegos
Dino-Store, The LEGO Store, Once Upon A Toy, and Star Wars Galactic Outpost, Star Wars Trading Post and Super Hero Headquarters.

Joyas y accesorios
ALEX AND ANI, Chapel Hats, Coach, Edward Beiner, Erwin Pearl, Kipling, Luxury of Time, Na Hoku, Oakley, PANDORA, Something Silver, Sunglass Icon, TUMI, UNOde50 and Vera Bradley.

Calzados
Havaianas, Johnston & Murphy, Melissa Shoes, Sanuk, Sperry and UGG.

Hogar, Decoración, Regalos y Especialidades
Stores include The Art Corner, The Art of Disney, The Boathouse BOATIQUE, Coca-Cola Store, Crystal Art, Disney's Days of Christmas, Disney's Pin Traders, Disney's Wonderful World of Memories, House of Blues Gear Shop, Marketplace Co-Op, Mickey's Pantry, Orlando Harley-Davidson, Pop Gallery, Rainforest Café Retail Village, Ron Jon Surf Shop, Shop for Ireland, Sosa Family Cigars, The Store at Planet Hollywood, Sugarboo & Co. and World of Disney Store.

Belleza y Salud
Stores include The Art of Shaving, Basin, Kiehl's, M·A·C Cosmetics, L'Occitane en Provence, Origins, Savannah Bee Company and Sephora.

Actividades fuera de los parques

ESPN Wide World of Sports

Este complejo deportivo de 200 acres alberga juegos deportivos profesionales y amateurs. Las instalaciones incluyen tres campos de béisbol, seis canchas de baloncesto del tamaño de la NBA, canchas de softball, canchas de tenis, un centro de atletismo y canchas de voleibol de playa.

Los tickets para adultos tienen un precio de $19.50 y los de niños de $14.50. Los tickets para el parque con la opción *'Park Hopper Plus'* pueden ser usados para acceder a algunos eventos.

Hay autobuses limitados desde *All-Star Resorts, Caribbean Beach Resort* y *Pop Century Resort*. También hay estacionamiento gratuito.

La información sobre los boletos se encuentra disponible en disneyworldsports.com.

Mini Golf

Los campos de minigolf cuestan $14 para adultos y $12 por niño por ronda.

Fantasia Miniature Golf
Hay dos campos diferentes – *Fantasia Gardens* y *Fantasia Fairways*, ambos temáticos del clásico animado *Fantasia*.

Fantasia Gardens es perfecto para aquellos que son nuevos en el minigolf y los niños; esperen efectos de agua, obstáculos creativos y gran temática. *Fantasia Fairways* es para los minigolfistas más experimentados.

Se puede llegar a *Fantasia Minigolf* tomando un autobús a los hoteles *Boardwalk* o *Swan* y caminando desde allí.

Winter Summerland Miniature Golf
Hay un campo temático de invierno y un campo temático de verano.

Winter Summerland está ubicado junto al parque acuático de *Blizzard Beach*. Puede conducir hasta allí o tomar uno de los autobuses del complejo.

Golf

• **Magnolia Golf Course** – El principal peligro en este campo de 18 hoyos es el agua.
• **Lake Buena Vista Golf Course** – Este campo de golf de 18 hoyos ha sido sede del PGA Tour, el LPGA Tour y los eventos de la USGA.
• **Palm Golf Course** – Un campo de golf de 18 hoyos.
• **Oak Trail Golf Course** – Este campo de golf familiar de 9 hoyos con un par de 36. Hay incluso tees junior para los miembros más pequeños de la familia.

Precios:
• El precio varía entre $35 y $75 por persona para cada uno de los tres campos de 18 hoyos. El precio del campo de golf *Oak Trail* es de $19 por menor de 18 años y $35 por adulto. Los huéspedes de los hoteles de Disney pagan los precios más bajos. También se pueden comprar pases con descuento de 2 y 3 rondas.
• Hay transporte gratuito para todos los cursos para los huéspedes de los hoteles de Disney.
• Los palos de golf se alquilan por $40 a $65 para *Magnolia, Buena Vista* y *Palm*, y $15 para *Oak Trail* (un conjunto parcial). El alquiler de palos junior es gratuito en *Oak Trail*.
• Hay clases de golf personales de 45 minutos de duración disponibles. El precio es de $75 para adultos y $50 para menores de 18 años.
• Las tarifas de repetición se encuentran disponibles con un 50% de descuento sobre la tarifa completa.

Más información:
• El uso de un carrito de golf está incluido en la tarifa de los campos. Los jugadores deben usar los carritos de golf en los 3 campos de campeonato.
• Se requiere un atuendo de golf adecuado en todos los campos de golf; no se permiten pantalones jeans o shorts casuales.
• Se recomienda, pero no es necesario, reservar en *Disney's Magnolia Golf Course*. Los golfistas sin cita previa intentarán ser acomodados.
• Para obtener información más detallada sobre el golf, y para reservar los horarios de tee, contáctese directamente con Disney en el 407-WDW-GOLF o visite www.golfwdw.com.

Actividades gratuitas fuera de los parques

1. Visite los hoteles resorts
Si le gusta la temática de los parques, entonces debe visitar los diferentes hoteles. Desde la relajante playa del *Polynesian Village Resort*, a la sensación de bosque del *Wilderness Lodge*, hay algo para todos.

Además, puede combinar su viaje a un resort con una comida allí. No es necesario que se hospede en los resorts para visitarlos. Es posible pasar tres o cuatro días simplemente visitando y explorando las docenas de hoteles resort de Disney. ¡Algo que debe hacer!

2. Películas bajo las estrellas
Casi todos los hoteles de Disney ofrecen proyecciones nocturnas de una película de Disney bajo las estrellas en una pantalla grande. Relájese en una de las sillas de playa tomando un cóctel mientras ve *Toy Story* o *Fantasía*.

3. Visite Disney's Boardwalk
Esta es una divertida zona de paseo. Aunque no hay una gran cantidad de cosas que hacer aquí que sean gratis, a menudo puedes disfrutar de entretenimiento en vivo como malabaristas.

O, puede explorar el complejo *Boardwalk* y comer algo en uno de los muchos establecimientos de comida.

4. Disfrute del transporte
El monorriel es una gran manera de obtener una vista de ave del *Magic Kingdom Park* y *Epcot*. El *ferry* desde el *TTC* también ofrece grandes vistas.

Las joyas escondidas, sin embargo, son los botes, que recorren entre ciertos resorts y parques temáticos. Tome las lanchas del *Wilderness Lodge* al *Fort Wilderness*. Este es un gran, pintoresco y relajante viaje donde todo lo que usted ve a su alrededor son los árboles y el lago.

Los barcos de *Port Orleans*, *Old Key West* y *Saratoga Springs* a *Disney Springs* también ofrecen hermosos momentos de relajación.

5. Cante alrededor de una fogata
Todas las noches del año puede unirse a Chip n' Dale en una sesión de canto alrededor de una fogata en el *Fort Wilderness Resort*. Hay malvaviscos opcionales disponibles para comprar para asar en el fuego.

6. Vea un desfile gratuito
Todas las noches el desfile nocturno de *Electrical Water Pageant* recorre la *Seven Seas Lagoon* frente al *Magic Kingdom Park*.

No hay personajes involucrados y es una flotilla muy simple, pero vale la pena verlo al menos una vez.

AllEars.net proporciona la siguiente información sobre el horario de este pequeño entretenimiento gratuito:

- Polynesian Village Resort: 9:00pm
- Grand Floridian: 9:15pm
- Wilderness Lodge: 9:35pm
- Fort Wilderness: 9:45pm
- Contemporary Resort: 10:05pm
- Magic Kingdom Park: 10:20pm (sólo durante el horario extendido del parque).

Cuando los fuegos artificiales de Magic Kingdom están programados para las 9:00pm, el desfile se desarrolla de 7 a 20 minutos más tarde.

7. Fuegos artificiales desde Polynesian Village Resort Beach
Nada puede igualar el estar frente al *Cinderella Castle* y sentir el asombro de ver los fuegos artificiales nocturnos explotar ante sus ojos, pero para obtener una vista diferente, debe dirigirse a la playa del *Polynesian Village Resort*. Desafortunadamente no podrá ver claramente las proyecciones desde esta distancia pero ponen la música del espectáculo por altavoces en la playa del hotel cuando comienza el espectáculo.

8. Realice un recorrido gratuito por Walt Disney World Resort
Disney ofrece visitas gratuitas a los hoteles. No es necesario hospedarse en los hoteles para realizar estos tours.

El *Sanaa Cultural Tour*, de 20 minutos de duración, explora el restaurante de Sanaa en detalle. Funciona a las 4:00 pm todos los días. No hay reservas. No hay garantías, ¡pero a veces este tour termina con un sabroso regalo también! Puede llamar al (407) 938-3000 para confirmar el horario de este tour.

El *Wonders of the Wilderness Lodge Tour* es un tour de una hora que explica la historia y el diseño del hotel. El tour se realiza de miércoles a sábados a las 9:00am. Llame al (407) 824-3200 para confirmar el horario de esta excursión.

El *Tour Culinario en Animal Kingdom Lodge* es un tour culinario en los restaurantes Boma y Jiko que dura unos 30 minutos. Es más, usted puede probar algunas de las delicias de estos lugares sin costo alguno. El tour se realiza diariamente a las 4:15pm. Puede llamar al (407) 938-3000 para confirmar el horario de este tour.

Conocer a los personajes

Mucha gente afirma que las vacaciones en un Walt Disney World Resort no están completas sin conocer a algunos de los personajes de los parques.

En total, alrededor de 60 personajes diferentes se reúnen en los parques diariamente. Algunos personajes se encuentran con apariciones 'aleatorias' que no están publicadas en el horario del parque, otros están 'programados' donde se hace cola y tomar una foto, otros son experiencias elaboradas en el interior, y otros como *'Enchanted Tales with Belle'* son más como espectáculos interactivos. También puede conocer a los personajes en experiencias gastronómicas selectas.

Si necesita ayuda para encontrar un personaje, pregunte a empleado. O simplemente llame al 407-WDW-INFO.

A continuación se enumeran las apariciones de los personajes que ocurren regularmente y por lo general a diario.

Magic Kingdom Park

- **Aladdin y Princesa Jasmine** – Cerca de *Aladdin's Magic Carpets* en *Adventureland*.
- **Alicia en el País de las Maravillas** – Cerca de *Mad Tea Party*
- **Ariel** – En *Ariel's Grotto* (a la derecha de *Under the Sea*) en *Fantasyland*.
- **Bella** – Para los que participen en el espectáculo, podrán tomarse una foto con Bella en *Enchanted Tales with Belle* en *Fantasyland*.
- **Buzz Lightyear** – Al lado de *Buzz Lightyear's Space Ranger Spin* y el *Carousel of Progress*.
- **Campanita** (y sus amigas hadas) – En *Town Square Theater*.
- **Cenicienta** – En *Princess Fairytale Hall* en *Fantasyland*.
- **Pato Donald y Daisy** – En *Pete's Silly Sideshow* en *Fantasyland*.
- **Elena de Avalor** – En *Princess Fairytale Hall* en *Fantasyland*.
- **Gaston** – Fuera de *Gaston's Tavern* en *Fantasyland*.
- **Goofy** – *En Pete's Silly Sideshow* en *Fantasyland*.
- **Merida** – En *Fairytale Garden*, cerca del castillo
- **Mickey Mouse** – En *Town Square Theater*.
- **Minnie Mouse** – En *Pete's Silly Sideshow*.
- **Peter Pan y Wendy** – Cerca de *Peter Pan's Flight*.
- **Pluto** – En *Pete's Silly Sideshow*.

- **Rapunzel** – En *Princess Fairytale Hall* en *Fantasyland*.
- **Tiana** – En *Princess Fairytale Hall*.
- **Winnie the Pooh y Tigger** – Cerca de *The Many Adventures of Winnie the Pooh*.

Epcot

- **Aladdin y Princesa Jasmine** – Pabellón de Marruecos
- **Anna y Elsa** – Pabellón de Noruega
- **Alicia en el País de las Maravillas** – Pabellón de Reino Unido
- **Aurora** - Pabellón de Francia
- **Bella** – Pabellón de Francia
- **Blancanieves** – Pabellón de Alemania
- **Daisy Duck** – Cerca de Spaceship Earth
- **Pato Donald** – Mexico Pavilion
- **Goofy** – Cerca de la entrada del parque.
- **Joy (From 'Inside Out')** – En el Imagination pabellón.
- **Mary Poppins** – Pabellón de Reino Unido
- **Mickey Mouse** – En la zona de espera de *Disney-Pixar Short Film Festival*
- **Minnie Mouse** – World Showcase Gazebo
- **Mulan** – Pabellón de China
- **Pluto** – Cerca de la entrada del parque.
- **Winnie the Pooh** – Pabellón de Reino Unido
- **Ralph El Demoledor y Venellope** – En el Imagination pabellón.

Disney's Hollywood Studios

- **Buzz Lightyear, Woody & Soldados Verdes** – Cerca de *Toy Story Midway Mania*
- **Personajes de Cars** – En *Cars Courtyard*
- **Chip & Dale** – Cerca de *Crossroads of the World*.
- **Doc McStuffins** y **Fancy Nancy** – Frente al *Disney Jr*.
- **Edna Mode** – En *An Incredible Celebration*.
- **Mickey y Minnie** – en *Red Carpet Dreams*.
- **Olaf** – En *Celebrity Spotlight*, cerca de *Echo Lake*.
- **Pluto** – En *Animation Courtyard*.
- **Personajes de Star Wars** – En *Star Wars Launch Bay*.
- **Sulley** – En *Walt Disney Presents*.
- **Los Increíbles** – En *Pixar Place*.

Disney's Animal Kingdom

- **Chip y Dale** – En *Dinoland USA*.
- **Donald y Daisy** – En *Dinoland USA*.
- **Dug y Russell** (de *Up*) – Cerca de *It's Tough to be a Bug*.
- **Goofy** – En *Dinoland USA*.
- **Mickey y Minnie** – En *Adventurers Outpost*.
- **Pocahontas** – En *Discovery Island Trails*
- **Pluto** – En *Dinoland USA*.
- **Rafiki** y **Timon** – En *Rafiki's Planet Watch*.
- **Scrooge McDuck** – En *Dinoland USA*.

Comer con personajes

Combine la comida con un encuentro con los personajes.

- **Alicia en el País de las Maravillas** – 1900 Park Fare, Grand Floridian (solo desayuno)
- **Bestia** – Be Our Guest Restaurant (solo cena, Magic Kingdom)
- **Chip y Dale** – Garden Grill (Epcot)
- **Cenicienta (y también a veces el Principe Encantador)** – 1900 Park Fare, Grand Floridian (solo cena); Cinderella's Royal Table (Magic Kingdom); Akershus Royal Banquet Hall (pabellón de Noruega, Epcot)
- **Pato Donald** – Tusker House in Disney's Animal Kingdom (Otros Patos también visitan tambien– desayuno y almuerzo; Cape May Café at Beach Club (solo desayuno); Chef Mickey's at Contemporary Resort (brunch y cena)
- **Personajes de Disney Junior** (Princesita Sofia y Doctora Juguetes) – Hollywood and Vine (desayuno y almuerzo, Disney's Hollywood Studios)
- **Lady Tremaine, Anastasia y Drizella** – 1900 Park Fare, Grand Floridian (solo cena)
- **Lilo y Stitch** – Ohana's Best Friends Breakfast, Polynesian Village Resort.
- **Goofy** – Cape May Café al Beach Club (solo desayuno); Chef Mickey's al Contemporary Resort (brunch y cena); Tusker House al Animal Kingdom
- **Sombrerero Loco** – 1900 Park Fare, Grand Floridian (solo desayuno);
- **Mary Poppins** – 1900 Park Fare, Grand Floridian (solo desayuno), Princess Storybook Meals (pabellón de Noruega, Epcot)
- **Mickey Mouse** – Garden Grill (Epcot); Chef Mickey's at Contemporary Resort (brunch y cena); Mickey's Backyard BBQ (solo cena, Fort Wilderness Resort); Ohana's Best Friends Breakfast, Polynesian Village Resort;
- **Minnie Mouse** – Cape May Café, Beach Club (solo desayuno); Chef Mickey's at Contemporary Resort (brunch y cena)
- **Pluto** – Garden Grill (Epcot); Chef Mickey's at Contemporary Resort (brunch y cena); Ohana's Best Friends Breakfast, Polynesian Village Resort.
- **Las Princesas** – Cinderella's Royal Table (Magic Kingdom); Akershus Royal Banquet Hall (pabellón de Noruega, Epcot)
- **Winnie the Pooh, Tigger, Piglet y Eeyore** – Crystal Palace (Magic Kingdom), 1900 Park Fare, Grand Floridian (solo desayuno).

Ninguno de estos personajes está garantizado, pero son una buena indicación de los que puede esperar ver en cada lugar.

Disney con un presupuesto

Aunque visitar el Walt Disney World no es precisamente barato, se puede hacer con un presupuesto, y todavía se puede tener un viaje fantástico mientras se ahorra algo de dinero.

Planificación

1. Alojarse en el complejo – ¿Realmente es necesario un hotel de Disney en el complejo? Son cómodos, pero a menudo son significativamente más caros que los hoteles fuera del complejo. Al comparar los precios, debe tener en cuenta otros costos como las tarifas de los resorts, los impuestos y el transporte.

2. Compre un pase anual – Si planea visitar más de dos veces en el mismo año, comprar un pase anual puede ser un gran ahorro de dinero. Si se hospeda fuera del complejo, no tendrá que pagar por el estacionamiento con un pase anual. También puede ahorrarle mucho dinero en hoteles, restaurantes y productos.

3. Aguarde una oferta especial – Walt Disney World a menudo tiene ofertas especiales, ya sea precios de habitaciones con descuento o planes de comidas gratis, así que manténgase atento a ellas. Las ofertas de comida gratis, en particular, pueden ahorrarle mucho dinero.

4. Disminuya la categoría de su hotel – ¿Realmente es necesario un hotel lujoso de Disney? ¿Usará alguna vez las comodidades extra que está pagando? Si no lo hace, entonces baje de categoría a algún lugar como el *All-Star* o el *Pop Century Resort*.

5. Tickets – Compre tickets por adelantado en línea en sitios web como undercovertourist.com – hay ahorros de hasta $77 por persona comparado con comprar en Disney.

6. Épocas menos concurridas – Al visitar cuando los parques están menos concurridos, podrá hacer más cada día, lo que significa que podrá pasar menos días en los parques, lo que en última instancia significa unas vacaciones más baratas y más relajantes. Vea nuestra sección de momentos de tranquilidad (pagina 108). Los tickets durante los días menos concurridos también son más baratos que durante los días pico.

7. No lleve un automóvil – El estacionamiento en los hoteles de Disney cuestan $15-$33 por noche y en los parques temáticos es de $25-$50 por día (el estacionamiento en los parques temáticos es gratis para los huéspedes de los hoteles de Disney).

En los parques

1. No compre un Plan de Comidas – Aunque los planes de comidas afirman brindar un ahorro de hasta el 40%, si no come mucho, o si come las opciones más baratas en los restaurantes, es más barato pagar por cada comida por separado.

2. Almuerzos preparados – Puede preparar sus propios almuerzos empaquetados, como sándwiches, y llevarlos a los parques. Si tiene un automóvil, conduzca hasta un supermercado cercano para abastecerse.

3. Coma fuera del complejo – Si tiene un automóvil, conduzca fuera del complejo y coma en los restaurantes fuera de Walt Disney World. Estos cuestan una fracción del precio.

4. Coma con servicio de mesa en el almuerzo – Las comidas de servicio de mesa y los buffets pueden ser más baratos en el almuerzo que en la cena. A veces la comida que se ofrece es diferente; a veces es la misma.

5. Tome sus propias fotos – Si no desea pagar por una foto con un personaje, simplemente tome una usted mismo, pregúntele a otro visitante, o pregúntele a un empleado que estará feliz de ayudar.

6. Lleve sus propios disfraces/peluches – Si su niño o niña quiere comprar un disfraz o un vestido en los parques, estos son más baratos en línea, en cualquier lugar fuera de Walt Disney World. Sólo cómprelos y empaquételos en secreto. Dele a su hijo el disfraz una vez que llegue y estará encantado. Lo mismo se aplica a los peluches y juguetes de Disney.

7. Comidas más accesibles – Aunque la comida de Disney es cara, hay algunas comidas de mejor valor que otras. Las comidas para niños, en particular, tienen un gran precio e incluyen una bebida, mientras que las comidas para adultos no.

Si no quiere un acompañante con una comida, se pueden quitar y ahorrarle dinero – todo se puede pedir a la carta.

Comida

Existe una gran variedad de lugares para comer en Walt Disney World, desde sándwiches hasta comida rápida, servicio de mesa, buffets con personajes y hasta opciones de comida de autor.

Restaurant Types

Buffet restaurantes – Llene su plato con la comida ofrecida tantas veces como quiera. Una variación son las comidas "estilo familiar" donde los camareros se acercan a las mesas y ofrecen comida.
Servicio rápido – Comida rápida. Todo desde hamburguesas y patatas fritas, hasta pollo, pizza y pasta.
Servicio de mesa – Se pide un menú y lo sirve un camarero.
Buffets con personajes – Los personajes visitan cada mesa para interactuar con fotos mientras usted cena.
Experiencias de comidas de autor – Las experiencias gastronómicas más exquisitas. Esto requiere dos créditos de servicio de mesa para los huéspedes con Planes de Comidas Disney.
Cena Shows – Una comida (normalmente de tipo buffet o familiar) está incluida en el precio, así como el entretenimiento de la noche. Las cenas shows cuestan dos créditos de servicio de mesa para los huéspedes con Planes de Comidas Disney.

Planes de Comidas Disney

Los Planes de Comidas Disney son créditos de comedor pre-pagados que le permiten comer en casi cualquier lugar sin preocuparse por el costo – ¡porque todo ha sido pagado por adelantado!

Los planes se encuentran disponibles para los huéspedes que reserven un paquete vacacional con tickets de parque y un hotel.

A los huéspedes se les asigna un número de 'créditos' por cada noche de su estadía para comidas de Servicio de Mesa, Servicio Rápido y Refrigerios. El número de créditos depende del plan comprado. Los créditos se canjean por comidas.

Se le dan todos sus créditos como una suma global al comienzo de sus vacaciones; usted elige cómo y cuándo usarlos antes de la medianoche de la noche de salida.

Disney dice que puede ahorrar hasta un 40% comprando los planes de comidas, pero esto depende de que siempre coma los productos más caros.

Debe reservar los Planes de Comidas Disney para toda la duración de su estadía. Para evitarlo, puede realizar dos reservas de hotel seguidas, y sólo añadir un Plan de Comidas a una.

Consejo principal: Asegúrese de presentar su *MagicBand* antes de ordenar – los restaurantes a menudo ofrecen dos menús, con uno específicamente para aquellos en el Plan de Comidas Disney.

Las propinas no están incluidas en los planes de comidas, excepto en las cenas show, comidas en la habitación y *Cinderella's Royal Table*. Un cargo automático del 18% de propina será añadido a su cuenta para grupos de 6 o más.

Consejos principales

1: No es necesario pedir lo que está listado en el menú, aunque si lo hace puede ahorrar dinero. Pedir un producto por separado (a la carta) está completamente bien.

2: Disney a veces ofrece Planes de Comidas gratis a los huéspedes que se hospedan en sus hoteles que también reservan tickets para el parque al mismo tiempo – si esta oferta se encuentra disponible, puede ahorrarle una cantidad significativa de dinero.

3: Disney ofrece un menú para alérgicos en casi todos sus restaurantes de servicio rápido y de servicio de mesa. Los menús para alérgicos cubren las alergias más comunes, incluyendo gluten/trigo, leche, maní, nueces y pescado. Si un huésped aún desea hablar con un chef, esa opción se encuentra disponible.

Pedido móvil: Muchos de los restaurantes de Servicio Rápido permiten pedir y pagar usando *My Disney Experience* sin tener que esperar en la fila. Se le notificará cuando su comida esté lista. Esto le ahorra tiempo durante las horas pico.

Aquí tenemos una lista de lo que se incluye por noche de estadía con cada Plan de Comida para el 2020. (Los precios son por noche e incluyen impuestos)

Plan de Comidas de Servicio Rápido
$52.50 por adulto por noche, $23.78 por niño (edades de 3-9).
• 2 comidas de Servicio Rápido (1 comida = un plato principal y una bebida sin alcohol)
• 2 Refrigerios
• 1 taza recargable del resort por persona y por estadía (cuesta $20, más impuestos)

Plan de Comidas
$75.49 por adulto por noche, $27.98 por niño.
• 1 comida de Servicio Rápido
• 1 comida de Servicio de Mesa (1 comida = un plato principal y una bebida sin alcohol en el desayuno o un plato principal, un postre y una bebida sin alcohol en el almuerzo y la cena. En la comida de buffet tendrá acceso al buffet completo y a una bebida)
• 2 refrigerios
• 1 taza recargable del resort por persona y por estadía (cuesta $20, más impuestos)

Plan de Comidas Plus
$94.60 por adulto, $35 por niño.
• 2 comidas de Servicio de Mesa o Servicio Rápido. (Servicio de mesa = un plato principal y una bebida sin alcohol en el desayuno o un plato principal, un postre y una bebida sin alcohol en el almuerzo y la cena. En la comida de buffet tendrá acceso al buffet completo y a una bebida)
• 2 refrigerios
• 1 taza recargable del resort por persona y por estadía (cuesta $20, más impuestos)

Plan de Comidas Deluxe
$116.25 por adulto por noche, $43.49 por niño.
• 3 comidas de Servicio de Mesa o Servicio Rápido. Puede elegir la máxima flexibilidad. Con el plan *Deluxe* también se obtiene un aperitivo en los locales del Servicio de Mesa, además de un plato principal, un postre y una bebida sin alcohol.
• 2 refrigerios
• 1 taza recargable del resort por persona y por estadía (cuesta $20, más impuestos)

Al final de la comida, cuando pida la cuenta, recibirá un recibo que indicará cuántos créditos utilizó para esa comida y cuántos quedan. Si ha comprado varios planes de comidas juntos, este número será la suma de todos los créditos de su grupo. Es libre de pedir artículos fuera del menú y pagarlos por separado.

Reservas y cancelaciones

Para comer en los restaurantes de Servicio de Mesa, recomendamos encarecidamente realizar una reserva. Se puede realizar con 180 días de antelación en el 407-WDW-DINE o en *My Disney Experience*. En ciertos lugares populares, como *Cinderella's Royal Table*, es necesario hacer las reservas con 180 días de anticipación para evitar decepciones en las épocas más concurridas del año.

Se requiere una tarjeta de crédito o débito para realizar las reservas. Los huéspedes también pueden hacer reservas de última hora para cenar con hasta 20 minutos de antelación en *My Disney Experience*.

Código de vestimenta

Los siguientes restaurantes de marca tienen un código de vestimenta casual/de negocios:

• Artist Point en Disney's Wilderness Lodge
• California Grill en el Contemporary Resort
• Cítricos en el Grand Floridian Resort & Spa
• Flying Fish Cafe en Disney's BoardWalk
• Jiko – The Cooking Place en Animal Kingdom Lodge
• Monsieur Paul en Epcot
• Narcoossee's en Disney's Grand Floridian Resort
• Takumi-Tei at Epcot
• Yachtsman Steakhouse en Disney's Yacht y Beach Club Resorts

Para hombres: Se requiere pantalón de vestir, jeans, pantalones o pantalones cortos de vestir, camisa de manga corta o larga con cuello o camiseta. Las chaquetas son opcionales.

Para mujeres: Es necesario jeans, falda o pantalones cortos de vestir con blusa, suéter o camiseta, o un vestido.

No se permite: Camisetas sin mangas, trajes de baño o encubiertos, sombreros para hombres, recortes, ropa rasgada o camisetas con lenguaje o gráficos ofensivos.

Victoria and Albert's tiene un código de vestimenta mucho más estricto, que debe preguntar al hacer su reserva.

Servicios del parque

Photopass y Memory Maker

En los parques encontrará fotógrafos de *Photopass* listos para fotografiarlo en los principales monumentos del parque y en los encuentros con los personajes.

Photopass:
Photopass funciona con una tarjeta especial que se le entrega, sin costo alguno, la primera vez que se toma una foto de *Photopass*. Luego utiliza esta misma tarjeta cada vez que toma fotos, entregándosela al fotógrafo para que la escanee. Una vez que sus vacaciones terminan, introduce el código único impreso en su *Photopass* en el sitio web y podrá ver todas sus fotos. Desde allí, puede añadir sus fotos a los recuerdos, pedir copias individuales o pagar por descargas de fotos individuales.

Memory Maker:
Memory Maker es el nombre de un paquete de fotos que permite comprar todas las fotos de *Photopass* de una sola vez. Esto incluye fotos en el parque, fotos con personajes y fotos de atracciones.

Las fotos se encuentran disponibles para ser descargadas desde el día en que fueron tomadas hasta 45 días después. Tiene 30 días a partir de la fecha de su primera descarga para tomar más fotos con su cuenta *Memory Maker*.

Se puede adquirir por adelantado por $169 o se puede comprar en Walt Disney World por $199. Si usted tiene una *MagicBand*, simplemente tóquela cada vez para obtener sus fotos en el parque. También puede comprar un CD con todas sus fotos por $30 adicionales, o puede descargar las fotos sin costo alguno.

Los visitantes que compran *Memory Maker* y usan una *MagicBand* en las atracciones tienen sus fotos de la atracción automáticamente agregadas a su cuenta sin necesidad de detenerse en el mostrador de fotos de la atracción. La foto del paseo en *Frozen Ever After* está disponible exclusivamente para los usuarios de *MagicBand*.

Además, los visitantes con *MagicBands* que suben a *Tower of Terror* y *Seven Dwarfs Mine Train* tienen un video en la atracción

agregado a su cuenta.

Para los visitantes que visitan por un período corto, hay disponible un paquete de *Memory Maker* de un día a la venta por $69. Los visitantes pueden comprar el *'Memory Maker One Day'* a través de la aplicación *My Disney Experience* después de haber vinculado una foto.

Consejo principal 1: Tome una foto de su tarjeta *Photopass* y su código de barras, de esa manera si pierde la tarjeta todavía tiene acceso a todas las fotos en ella.

Consejo principal 2: Puede tener múltiples tarjetas de *Photopass* y agregarlas todas a una cuenta en línea de una sola vez.

Fotos en las atracciones

Muchas de las atracciones de Disney cuentan con cámaras especialmente colocadas para tomar fotos perfectamente encuadradas de usted en la atracción. Después del paseo, puede comprar estas fotos y guardar el recuerdo.

No es necesario que usted compre las fotos del paseo inmediatamente después del mismo; puede retirarlas en cualquier momento del día. Sólo recuerde su número único a la salida de la atracción o pídala a un empleado del puesto de fotos que se lo escriba.

Filas de espera Single Rider

Una de las mejores maneras de reducir significativamente el tiempo de espera en las filas de espera es usar la fila *Single Rider* en lugar de la fila regular. Esta es una cola completamente separada que se utiliza para llenar los espacios libres en los vehículos de la atracción - los visitantes que se unan a esta cola viajarán de forma individual.

Como ejemplo de cómo funciona el sistema: si un vehículo de paseo tiene capacidad para 8 personas y aparece un grupo de 4, seguido de un grupo de 3 en la fila regular, entonces un visitante de la fila *Single Rider* llenará el espacio vacío.

Si el parque está muy concurrido, las filas de *Single Rider* pueden ser cerradas. Esto sucede cuando la espera de los *Single Riders* es igual o mayor que la fila regular, perjudicando su propósito. Si el parque no está muy ocupado entonces a veces estas filas de espera tampoco funcionan.

Los grupos pueden usar la fila de espera de *Single Rider*; no subirán juntos, pero pueden reunirse después de subir a la salida de la atracción.

Las siguientes atracciones poseen filas *Single Rider*:
• Expedition Everest (Animal Kingdom)
• Rock n Roller coaster (Hollywood Studios)
• Test Track (Epcot)
• Millennium Falcon: Smugglers Run (Hollywood Studios)

Extra Magic Hours

Cada día los huéspedes de los hoteles de Disney tienen 1 hora de entrada temprana en un parque temático, y pueden quedarse hasta 2 horas después del cierre regular del parque en otro parque.

Durante estas horas de apertura extendidas, las filas de espera son típicamente mucho más cortas que durante el día.

Los parques exactos que abren durante esas *Extra Magic Hours (EMH)* varían de una semana a otra y pueden verse en línea con hasta 6 meses de anticipación.

¿Cómo puedo obtener Extra Magic Hours?
Están disponibles exclusivamente para los huéspedes que se alojan en los hoteles de Walt Disney World y en algunas propiedades asociadas. Los poseedores del pase anual que no se hospeden en los hoteles de Disney no tienen acceso a las *EMH*.

¿Qué atracciones se encuentran disponibles durante las EMH?
Desafortunadamente, no todas las atracciones están abiertas durante este horario extendido, pero la mayoría

de las atracciones populares sí lo están. - Disney no publica una lista exacta.

Star Wars: Rise of the Resistance no está disponible durante EMH por el momento.

Rider Switch (Intercambio de Pasajeros)

Intercambio de Pasajeros es un sistema que permite a un grupo tomar turnos para subir a una atracción, mientras que sólo necesitan hacer fila una vez. Un ejemplo de uso es cuando un niño es demasiado pequeño y los adultos se turnan para subir a la atracción para que el otro se quede con el niño.

Para usar el Intercambio de Pasajeros (llamado *Rider Switch* en ingles), simplemente solicítelo a un miembro del elenco en una entrada de la atracción que use el servicio.

El Grupo 1 (por ejemplo, el padre) pasará por la fila normal y el Grupo 2 (por ejemplo, la madre) recibirá un Intercambio de

Pasajeros Pass digital. Una vez que el primer adulto haya subido, simplemente le entregan el niño al segundo adulto que presenta el Intercambio de Pasajeros Pass en la entrada y se le dará una entrada expedita. Hasta tres personas pueden subir con este pase.

Rider Switch está disponible en todas las atracciones con un límite de altura mínima.

Cuando visitar

Las multitudes en Walt Disney World varían mucho de una temporada a otra e incluso de un día a otro. La diferencia de un solo día puede ahorrarle cientos de dólares, así como horas de espera en las filas. Tendrá que considerar las vacaciones escolares y los días festivos nacionales de los EE.UU. y otros países cercanos. Otros factores que afectan a la cantidad de visitantes son el clima y los precios.

Las principales fiestas en 2020 :
- 1 al 5 de enero: Año Nuevo y receso escolar
- 17 al 21 de enero: Día de Martin Luther King Jr. Y fin de semana
- 13 al 25 de febrero: Día de los Presidentes y receso escolar
- 1 de marzo al 19 de abril: receso de primavera/Pascuas
- 22 al 26 de mayo: Fin de semana del Día de los Caídos
- Mediados de junio a mediados de agosto: receso escolar de verano (particularmente concurrido cerca del 4 de julio)
- 5 al 8 de septiembre: Fin de semana del Día del Trabajo
- 9 al 13 de octubre: Fin de semana del Día de la Raza
- 7 al 16 de noviembre: Fin de semana del Día de los Veteranos
- 20 al 30 de noviembre: Fin de semana del Día de Acción de Gracias
- 18 de diciembre al 4 de enero: Navidad y Año nuevo

Los mejores momentos para visitar en 2020:
- Principios a mediados de enero
- Entre el Día de los Presidentes y el receso escolar
- Mediados de abril a mediados de mayo (evitando Pascuas y el receso de primavera)
- Fines de mayo a mediados de junio
- Mediados de agosto a principios de octubre (evitando el fin de semana del Día del Trabajo)
- Fines de noviembre a mediados de diciembre

Normas del parque

Aquí hay algunas normas destacadas del parque:
- La vestimenta adecuada, incluyendo zapatos y camisas, debe ser usada en todo momento. Cualquier persona que use un atuendo inapropiado puede ser retirada del parque.
- Fumar tabaco (o cigarrillos electrónicos) no está permitido en los parques.
- Los visitantes menores de 14 años deben ir acompañados por otro visitante de 14 años o más para entrar a los parques temáticos o acuáticos.
- Los patinetas, monopatines o zapatos con ruedas incorporadas no están permitidos en los parques.
- Los cochecitos más grandes de 78cm por 132cm no están permitidos.
- Cualquier equipaje o una nevera más grande que 61cm de largo x 38cm de ancho por 46cm de altura no está permitido en los parques.
- Armas, máscaras, sillas plegables, trípodes grandes, contenedores de vidrio, bebidas alcohólicas, sustancias ilegales y animales que no son de servicio no están permitidos en los parques.
- Los globos, las pajillas de plástico y las tapas de bebidas no están permitidas en *Disney's Animal Kingdom Park*.
- Los palos para selfie están prohibidos en todos los parques temáticos y acuáticos de Disney.

Alquiler de cochecitos

Los cochecitos se pueden alquilar en la entrada de los cuatro parques temáticos.

Un cochecito individual, para niños de 22.6 kg o menos, cuesta $15 por día, o $13 como parte de una compra de varios días.

Un cochecito doble para niños de 45 kg o menos cuesta $31 por día, o $27 como parte de una compra de varios días.

Los cochecitos deben ser devueltos el mismo día y no pueden salir de los parques temáticos.

Puede usar el mismo recibo para alquilar cochecitos en los cuatro parques el mismo día.

Aplicación "Play Disney Parks"

En algún momento se encontrará en una fila de espera preguntándose cómo pasar el tiempo: Disney tiene la respuesta con la aplicación gratuita *'Play Disney Parks'*. Esta aplicación incluye juegos y trivialidades específicos de la atracción, música y otras interesantes funciones interactivas. Además, la aplicación le permite interactuar con cosas fuera de las filas, como muchos de los elementos de *Star Wars: Galaxy's Edge*.

Números de teléfono útiles

- **Turnos de la Tienda de Barbería en Main Street USA**: 407-824-6550
- **Objetos Perdidos Central**: 407-824-4245
- **Oficina Central de Reservaciones (CRO, por sus siglas en inglés)**: 407-934-7639
- **Reservaciones de Comidas Disney**: 1-407-WDW-DINE
- **Main Disney Switchboard**: 407-824-2222
- **Cruceros de fuegos artificiales**: 407-939-7529
- **Golf**: 407-WDW-GOLF
- **Servicio al visitante de Envío de correo**: 407-363-6200
- **Kennel**: 407-824-6568
- **Servicio Médico (en Walt Disney World)**: 407-648-9234
- **Recreación**: 407-WDW-PLAY
- **Reservaciones**: 407-934-7639
- **Tours**: 407-WDW-TOUR
- **Transporte en Walt Disney World**: 407-824-4321
- **Información de Operaciones de WDW (Horarios etc.)**: 407-WDW-INFO

Para llamar a los EE.UU. desde lugares internacionales deberá añadir '+1' antes de los números de teléfono mencionados anteriormente.

Restricción de alturas

Aunque cubrimos las restricciones de altura en toda la sección de parques de esta guía de viajes, esta sección le ofrece una visión general de todos los paseos que su hijo puede o no puede experimentar.

Bajo ninguna circunstancia debe intentar aumentar fraudulentamente la altura aparente de su hijo mediante tacones u otras medidas. Los empleados de atracciones pueden, y pedirán, que se los quiten antes de medirlos. Las restricciones de altura han sido establecidas para la seguridad de todos los invitados. No se hacen excepciones.

- **Alien Swirling Saucers** – Disney's Hollywood Studios – 32" (0.81m)
- **Tomorrowland Speedway** – Magic Kingdom Park – 32" (0.81m) para subir con un adulto, o 54" (1.37m) para subir solo.
- **Kali River Rapids** – Animal Kingdom Park – 38" (0.97m)
- **Slinky Dog Dash** – Disney's Hollywood Studios – 38" (0.97m)
- **Seven Dwarfs Mine Train** – Magic Kingdom Park – 38" (0.97m)
- **Millennium Falcon: Smugglers Run** – Disney's Hollywood Studios – 38" (0.97m)
- **Star Wars: Rise of the Resistance** – Disney's Hollywood Studios – 40" (1.02m)
- **Big Thunder Mountain Railroad** – Magic Kingdom Park – 40" (1.02m)
- **Splash Mountain** – Magic Kingdom Park – 40" (1.02m)
- **Dinosaur** – Animal Kingdom Park – 40" (1.02m)
- **Star Tours** – Disney's Hollywood Studios – 40" (1.02m)
- **The Twilight Zone: Tower of Terror** – Disney's Hollywood Studios – 40" (1.02m)
- **Soarin'** – EPCOT – 40" (1.02m)
- **Expedition Everest** – Animal Kingdom Park – 44" (1.12m)
- **Mission: SPACE** – EPCOT – 44" (1.12m)
- **Space Mountain** – Magic Kingdom Park – 44" (1.12m)
- **Avatar Flight of Passage** – Animal Kingdom Park – 44 inches (1.12m)
- **Rock 'n' Roller Coaster** – Disney's Hollywood Studios – 48" (1.22m)

Se aplican restricciones adicionales de altura en los parques acuáticos de Disney.

Pase menos tiempo en las filas de espera

1. Huéspedes de hoteles de Disney - En los hoteles de Disney World (y en otros hoteles seleccionados), puede aprovechar las *Extra Magic Hours (EMH)* que le permiten una hora de entrada temprana en un parque temático por día, y puede permanecer hasta dos horas en otro parque después de que éste haya cerrado. Las atracciones más populares se encuentran abiertas.

Las *EMH* matutinas son muy valiosas, ya que la mayoría de la gente simplemente no quiere levantarse temprano, ¡por lo que puedes ir a muchas de las atracciones principales en esta primera hora! Las *EMH* nocturnas están más ocupadas que las matutinas, pero las esperas de los pasajeros suelen ser de menos de 15 minutos, incluso para las atracciones más importantes.

2. Visite un parque que no tenga EMH — Como Disney tiene más de 30.000 habitaciones de hotel en el complejo, el parque que ofrece las *Extra Magic Hours* nocturnas suele estar mucho más concurrido que los otros parques. La solución es ir a un parque diferente durante el día, y luego visitar el parque con *EMH* sólo durante el horario extendido de apertura — esto depende de que usted tenga un boleto con P*ark Hopper*. Si no tiene acceso a las *EMH*, evite los parques el día que tengan *EMH*, ya que estarán ocupados sin ningún beneficio extra para usted.

3. Use la entrada del Desayuno con Personajes en la apertura del parque — Busque las entradas marcadas como "Character Breakfast". Estas están reservadas para los visitantes que están comiendo desayunos con personajes del parque hasta la apertura del mismo. Después de que los otros puntos de contacto empiecen a funcionar, ¡estarán abiertos para todos!

4. Vea nuestra guía para los tiempos menos concurridos — Si va a ir el día de Año Nuevo, espere hacer fila por mucho más tiempo que a mediados de septiembre. Consulte nuestra sección sobre cuando visitar (pagina 108).

5. Los parques abren temprano — *Magic Kingdom Park* abre 1 hora antes de la hora de apertura prevista. Podrá explorar *Main Street, U.S.A.* y *Town Square* durante este tiempo.

Epcot frecuentemente abre sus puertas 15 minutos o más antes de su hora oficial de apertura. No todas las atracciones estarán funcionando de inmediato.

Disney's Hollywood Studios abre sus puertas al entre 15 y 45 minutos antes de la hora oficial de apertura. Las atracciones pueden o no estar operativas de inmediato.

En *Disney's Animal Kingdom Park*, a los visitantes se les permite entrar al parque 30 a 45 minutos antes de la hora de apertura publicada. *Kilimanjaro Safaris, Expedition Everest* y *Avatar Flight of Passage* suelen estar operativos poco después de esta hora.

6. Primero suba a las atracciones populares — Si usted se encuentra en la apertura del parque, ¡a menudo puede montar varias de las principales atracciones en sólo una hora! Asegúrese de dirigirse a estas primero:
• Magic Kingdom Park: *Seven Dwarfs Mine Train, Peter Pan's Flight* y *Space Mountain.*
• Epcot: *Frozen Ever After, Ratatouille,* y *Test Track.*
• Disney's Hollywood Studios: *Slinky Dog Dash, Mickey and Minnie's Runaway Railway* y *Toy Story Midway Mania.*
• Disney's Animal Kingdom Park: *Avatar Flight of Passage, Na'vi River Journey* y *Expedition Everest.*

7. Suba a atracciones luego de los fuegos artificiales — Compruebe a qué hora se realiza el espectáculo nocturno. Si el parque permanece abierto

después del espectáculo, puede seguir subiendo en las atracciones hasta que el parque cierre. Por la noche, las colas deben ser mínimas o inexistentes. Si desea un paseo de último minuto, ¡asegúrese de estar en la fila de espera antes de que el parque cierre y podrá subir!

8. Suba a las atracciones al aire libre durante la lluvia — Las atracciones exteriores como *Dumbo, Aladdin's Flying Carpets, Splash Mountain* y *Big Thunder Mountain* tienen filas significativamente más cortas cuando llueve que cuando no llueve. Puede que se empape, pero su espera será más corta. Si hay una tormenta, las atracciones al aire libre temporalmente dejan de funcionar.

9. Vaya de compras al principio o al final del día — Incluso cuando el parque está oficialmente cerrado por la noche, las tiendas de *Main Street, U.S.A.* en *Magic Kingdom,* y otras tiendas importantes de los otros parques temáticos permanecen abiertas hasta que todos los invitados se hayan ido. O, ¡haga sus compras en *Disney Springs* en un día diferente! Mejor aún, si se hospeda en el lugar, visite la tienda de Disney de su hotel, que por lo general abre hasta tarde

10. Opciones con cargo extra — Disney ofrece entrada anticipada a ciertas atracciones por un cargo extra ($89 por adulto/$79 por niño) con su evento *Early Morning Magic* en fechas selectas. El desayuno también está incluido.

Eventos de Temporada 2020

Walt Disney World Marathon Weekend
8 de enero a 12 de enero
Este evento anual presenta una carrera de aventuras de 42,2 km a través de los cuatro parques temáticos. También hay la media maratón, una carera de 5 km, y la Walt Disney World 10 km.

Epcot International Festival of the Arts
17 de enero a 24 de febrero
Puede explorar las artes visuales con galerías, talleres y seminarios. Y luego probar nuevos alimentos con las artes culinarias. Por último, disfrute de las artes escénicas, desde acrobacias hasta estatuas vivas.

Disney Princess Half Marathon Weekend
20 de feb a 23 de feb
Esta media maratón predominantemente femenina reúne a invitados de todas las edades para celebrar todas las cualidades que posee una princesa. El fin de semana incluye una exposición de dos días sobre la salud y el bienestar físico dirigida a las mujeres, una carrera familiar de 5 km y de 10 km, y carreras infantiles.

Epcot International Flower & Garden Festival
4 de marzo a 1 de junio
Future World y *World Showcase* florecen con más de 30 millones de flores de colores, actividades interactivas de jardín para niños y talleres con expertos nacionales en jardinería durante este festival anual de primavera en *Epcot*.

Cuando el sol se pone, los topiarios iluminados y los jardines de juegos brillan intensamente para una experiencia de festival después de la oscuridad.

Star Wars Rival Run Half Marathon Weekend
16 de abril a 19 de abril
Los corredores que se unan al *Galactic Empire* disfrutarán de una verdadera experiencia de *Star Wars*, incluyendo medallas y productos inspirados en el *Dark Side* durante todo el fin de semana. Cancelado en 2020 debido a COVID-19.

Mickey's Not-So-Scary Halloween Party
Ciertas fechas de agosto a octubre
Un festival divertido para toda la familia en *Magic Kingdom Park* con un desfile, dulce o truco por todo el parque, pintura de caras y más.

Esta fiesta es un evento con tickets separados de la entrada estándar al parque. Los boletos cuestan $85-$149 por adulto y $80-$144 por niño, más impuestos. Cancelado en 2020 debido a COVID-19.

Epcot International Food & Wine Festival
Ciertas fechas de agosto a septiembre
Saboree los vinos finos y la deliciosa cocina durante este festival, que ofrece entretenimiento en vivo como la serie de conciertos *'Eat to the Beat'*, chefs invitados, demostraciones culinarias, seminarios y más.

La mayor parte del entretenimiento del festival está incluido en la entrada regular al parque. La comida y la bebida tienen un cargo extra. cada porción de tapas o bebida cuesta $4 a $10.

Disney Wine & Dine Half Marathon Weekend
Nov 5-8, 2020
La novedosa *"Runners' Night Out"* incluye una media maratón. Después de terminar, los corredores y sus

invitados pueden celebrar su logro en una fiesta exclusiva después de la hora de salida. El fin de semana también incluye carreras para niños, una carrera familiar de 5 km y una exposición de salud. Cancelado en 2020 debido a COVID-19.

Mickey's Very Merry Christmas Party
Ciertas fechas de noviembre a diciembre
Durante la fiesta, los visitantes pueden disfrutar del castillo que brilla con miles de luces blancas; el desfile de navidad con personajes clásicos de Disney, duendes, soldados de juguete e incluso *Santa Claus*; un espectáculo de música y fuegos artificiales con temática navideña; varios espectáculos escénicos; una versión de temporada de *Monsters Inc.* y *Space Mountain*, un encendido de luces navideñas; ¡una nevada en *Main Street, U.S.A.* y mucho más! Los invitados también reciben chocolate caliente y galletas gratis durante toda la noche.

Los precios para adultos son de $105 a $155, y los tickets para niños son de $100 a $150. El impuesto es adicional.

Epcot, Hollywood Studios, Disney Springs y *Animal Kingdom* también ofrecen su propio entretenimiento para las fiestas sin costo adicional.

Un agradecimiento especial

Muchas gracias por leer nuestra guía de viaje a Walt Disney World. ¡Esperamos que hayamos marcado una gran diferencia en sus vacaciones y que haya encontrado algunos consejos que le ahorrarán tiempo y dinero! Recuerde llevar esta guía con usted mientras está de vacaciones y usarla en los parques.

Por favor, déjenos una reseña donde desee. Si le gusto este libro, por favor considere darme una pequeña propina (al escritor). ¿Por qué no me compra un café aquí?
ko-fi.com/giobooks
Gracias!

Si tiene alguna pregunta o comentario, por favor use la sección 'Contact Us' de nuestro sitio web en www.independentguidebooks.com.

Si ha disfrutado de esta guía, debería consultar:
• The Independent Guide to Universal Orlando
• The Independent Guide to Universal Studios Hollywood
• The Independent Guide to Hong Kong Disneyland
• The Independent Guide to Shanghai Disneyland
• The Independent Guide to Tokyo Disney Resort
• The Independent Guide to Disneyland
• The Independent Guide to Disneyland Paris
• The Independent Guide to Paris
• The Independent Guide to London
• The Independent Guide to New York City
• The Independent Guide to Hong Kong
• The Independent Guide to Tokyo
• The Independent Guide to Dubai
(Todos estos libros están disponibles solo en inglés.)

¡Tenga un día mágico!
Crédito de fotografías:
Las siguientes fotos han sido usadas bajo una licencia Creative Commons.

Anna Fox por Test Track; Darren Wittko por fotos de Animal Kingdom Lodge, y Pirates of the Caribbean; Daryl Mitchell por Pop Century; Darryl Kenyon por Kali River Rapids; Mark & Paul Luukkonen por Princess Fairytale Hall, Canada Pavilion y The Barnstormer; 'Flickr mjurn' por Old Key West; Greg Goebel por Astro Orbiter; Harshlight (usuario de Flickr) por fotos de Mad Tea Party, Seven Dwarfs Mine Train y Peter Pan's Flight; Inzakira (usuario de Flickr) por Living with the Land; Jeff Kays por Blizzard Beach, Buzz Lightyear Space Ranger Spin y Soarin; Justin Ennis por Jungle Cruise; Kyosuke Takayama por Pabellón de Noruega; Leigh Caldwell por la foto de Halloween Party; Lou Oms por Imagination Pavilion; Luis Brizzante por Holiday Wishes y Spaceship Earth; Matthew Freeman por Splash Mountain; Michael Gray por fotos de Mickey's Philharmagic, Monster's Inc, Stitch's Great Escape, Caribbean beach resort, Epcot Food and Wine festival, Holiday Splendor, y Club Cool; Michelle Tribe por Coronado Springs; Paul Hudson por Disney Springs and Mexico Pavilion; 'Paula and Cathy' por Turtle Talk; Phil Whitehouse por Cinderella Castle, en la sección Fantasyland de la guía; QuesterMark (usuario de Flickr) por Contemporary Resort; Rhys A por Beach Club; rickpilot_2000 (usuario de Flickr) por Typhoon Lagoon and Dinosaur; Sam Howzit por The Many Adventures of Winnie the Pooh, Very Merry Christmas Party, Big Thunder Mountain y it's a small world; Sonja - Epcot Holidays around the World; Wikimedia por Primeval Whirl y Flower and Garden Festival; zannaland (usuario de Flickr) por Sorcerer's of the Magic Kingdom y The Barnstomer; Big Front Page Image - Phillie Casablanca, foto en la noche de Back Castle - Frank H Phillips; Sorcerers of the Magic Kingdom - zannaland; Tom Sawyer Island - Chad Sparkes; Philharmagic - Sam Howzit; Turtle Talk with Crush, Jedi Training, Triceratop Spin - Theme Park Tourist; Walt Disney Presents, Epcot Festival of the Arts - Harshlight; Indiana Jones - Thomas Jung; Gorilla - Corey Ann; "it all started with a mouse" - Disney Parks Blog; Up! A Great Bird Aventure - Joel (coconut wireless); Na'vi River Journey - mliu92; y Lego Store - mrice1996;

Universal Globe - Alison Sanfacon; Photos of all on-site hotels, Hollywood Rip Ride Rocket, Jimmy Fallon, Fast and Furious, Shrek 4-D, Cabana Bay Bus, Reign of Kong, Spider-Man ride and character photo, Nightlife/Rising Star, CityWalk Dining/Cowfish, Mini Golf, UDP, Antojitos, Servicio Rápido photo, Tri-Wizard Tournament, Blue Man Group, Aventura Hotel, Cinematic Spectacular and Rock the Universe - Universal Orlando; Men in Black, Woody Woodpecker's Nuthouse Coaster, One Fish Two Fish, Storm Force Accelatron, Pteranodon Flyers and Single Rider - Jeremy Thompson; Animal Actors on Location, Planning/Staff and Express Pass, Character Meets with Sideshow Bob - Theme Park Tourist; Chad Sparks - Hogwarts Express; Diagon Alley - osseus; Q-Bot - accesso.com; Refillable Mug - Universal Orlando; Nintendo Logo - Nintendo Co., Ltd; Volcano Bay - Paulo Guereta; Diagon Alley - amyr_81; Height requirements - Theme Park Tourist; Aventura Hotel, new york city streets and Sapphire Falls - RainO975; Despicable Me - simon17964; Gringotts - Chris Favero; Hagrid's Motorbike Adventure - Rain097;

HARRY POTTER, los personajes, los nombres y los signos relacionados son marcas registradas de © Warner Bros. Entertainment Inc. Harry Potter Publishing Rights y © JKR. Los logotipos, los personajes y las marcas son marcas registradas de sus respectivos propietarios.

www.ingramcontent.com/pod-product-compliance
Lightning Source LLC
Chambersburg PA
CBHW071528080526
44588CB00011B/1593